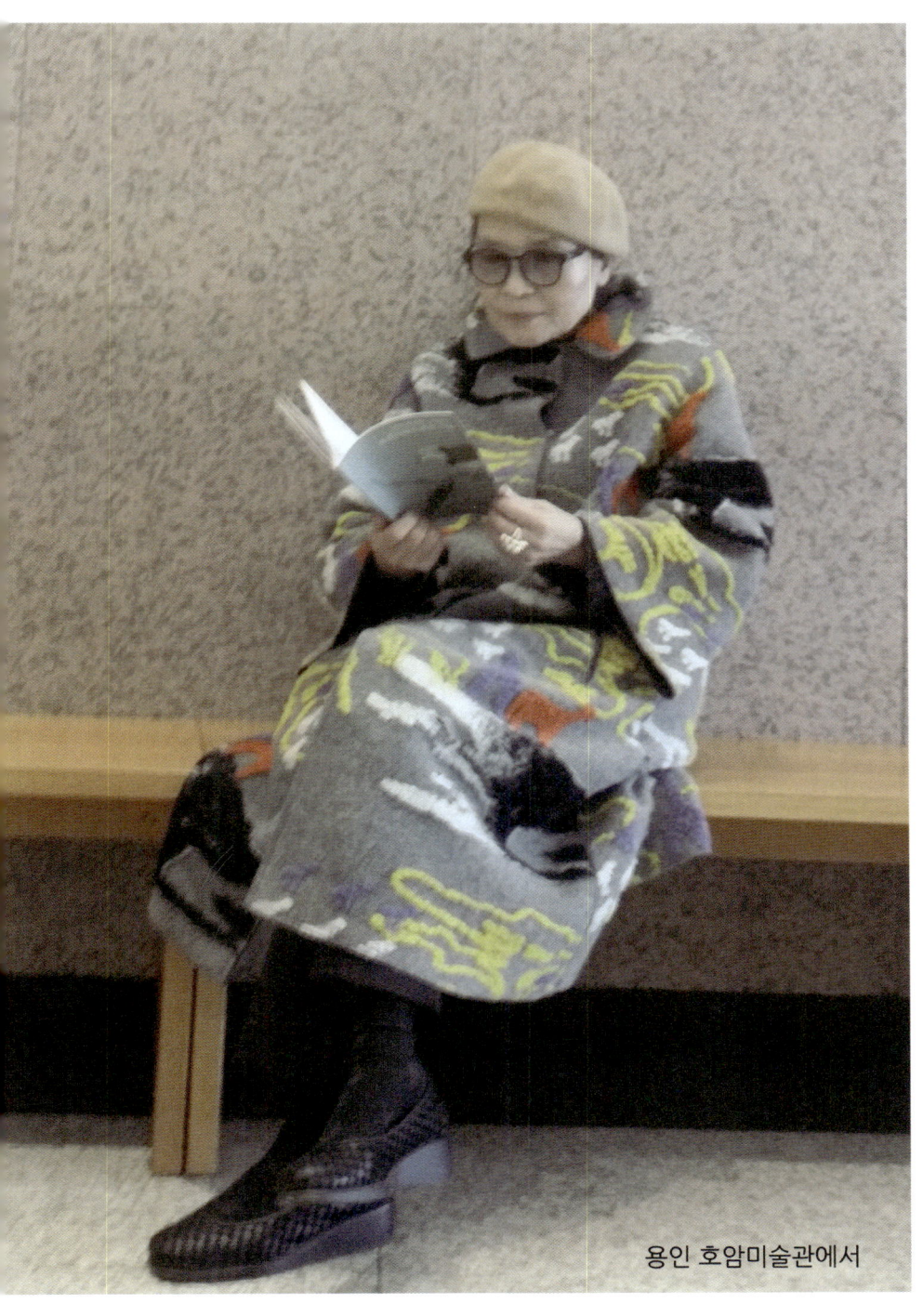

용인 호암미술관에서

소박한 창작 산실 - 정기숙 시인

정기숙 에세이 · 시집

달빛 속의 어머니 얼굴

툴박스

책을 내면서

깊숙이 잠자고 있던
수필 원고 드디어 오랜만에
얼굴을 내민다
이런저런 사연들 깨어나다

내겐 모두가 새롭고
소중하다 할까 한권의 수필집을
조심스럽게 펼쳐
흰 꽃구름에 실어 여섯 번째 책을 하늘에 띄운다

독자 여러분 부족한 글이오나
재미있게 읽어주시길 소망합니다

    저자 설무 정기숙

추천사

노익장의 여심(旅心), 그리고 애모(哀慕)의 시정(詩情)

김 용 철 (소설가, 전 도봉문협 회장)

먼저, 설무 정 기숙 선생님의 여섯 번 째 문집 「달빛 속의 어머니 얼굴」 출간을 진심으로 축하드린다.

설무 선생님은 일찍이 〈수필과 비평〉으로 수필가로 등단하셨고 〈문예춘추〉로 시인이 되신 원로 문인이시다.

설무 선생님과 나는 오래 전부터 같은 도봉문인협회의 회원이기에 협회의 행사 때마다 만나 반갑게 인사를 나눈 인연으로 아마 이번의 문집에 '추천의 글'을 당부해 오신 것으로 안다. 선생님은 시와 수필도 잘 쓰시지만 노래에도 성악가 못지않은 소양이 있어 우리 협회 모임에 가끔 성악으로 우리의 심금을 울려주시는 예능인이기도 하다.

이번에 내신 책은 필자가 살펴본 바로는 수필과 시 두 장르를 한 책에 같이 묶어 펴내신 문집인데, 책의 제목이랄까 표제(表題)는 〈달빛 속의 어머니 얼굴〉로 되어 있다. 이 제목은 이 문집의 맨 첫 번째 수필의 제목과 일치하기에 설무 선생님이 이 수필에 애착을 가지고 계신 것으로 알고 먼저 이 수필부터 이야기를 하고 다음에 수필 편, 시 편의 순서로 감상에 들어가려고 한다.

〈달빛 속의 어머니 얼굴〉이란 작품은 한마디로 5남매의 자녀를 두신 설무 선생 부모님의 이야기다. 사업가로서 집안에서는 늘 엄격하신 아버지, 그리고 남편 되는 분을 여러 가지 어려운 여건에서도 인내와 사랑으로 잘 내조하신 어머니. 그런데 이글은 아버지보다는 그런 어머니에 대한 사모(思母)와 고마움의 정이 잘 나타난 수필이다.

경기도 안성 시골집에서 5남매를 키워내신 부모님, 아버지는 사업을 하시며 사무실에서 일하시고 어머니는 집안에서 아기들을 키우며 살던 시절, 아버지가 사무실에서 집이 멀다는 이유로 '부엌데기'란 미명하에 세컨드, 말하자면 미모의 작은 부인을 얻으셨다. 그래도 어머니는 속으로는 원망과 질투 속에 살면서도 겉으로는 작은댁과 사이좋게 지내셨고, 작은댁도 출산은 못하면서도 큰 부인에게 아주 잘하고 5남매도 잘 다독이며 사셨다. 몇 해 후 아버지가 사업에 실패하자 작은댁은 결국 집을 나갔고, 어머니는 늦게나마 남편의 사랑을 독차지했다는 소설 같은 이야기다.

그 후 아버지가 먼저 저승으로 떠나시자 어머니는 뭐가 그리 급하신지 1년 만에 남편의 뒤를 따라 돌아가셨다고 한다.

요즘 세태와는 달리 옛날 가부장 시대엔 여필종부랄까 남편이 탈선을 해도 아내는 인고의 세월을 살아야 '현모양처'의

소리를 듣던 시절, 늘 어렵게 살아내신 어머니를 기리며 그 삶을 이해하고 위로한 효녀의 글이라 할 것이다.

이미 말씀드린 바와 같이 이제 수필과 시 두 장르의 글을 살펴볼 차례다.

먼저 수필을 살펴보면 단연 기행문이 많고, 시의 경우는 지난해에 타계하신 부군에 대한 그리움과 애모의 정이 담긴 시가 읽는 이에게 큰 감동을 준다.

기행문이 많은 수필의 경우 그 행선지를 대충 살펴보면 멀리는 캐나다 서부, 싱가포르, 태국, 일본 후쿠오카의 온천 등을 다녀오셨고 우리나라의 경우 제주도, 경주, 강화도, 강원도(치악산, 화암굴, 용평, 평창, 강릉, 묵호, 인제), 전주, 속리산(법주사), 여주(신륵사, 영릉, 명성황후 생가), 예산(추사기념관), 용문사(은행나무) 등 여행한 곳이 아주 여러 곳이다.

다음은 자녀들이 마련해 준 일본 기행 중 후쿠오카온천에서 쓴 기행문 중의 한 대목이다.

-후쿠오카 호텔에 들어섰다. 드높은 빌딩에 넓은 공간 모두들 놀라워했다. 우리 부부에게 배정된 숙소는 17층 1711호였다. 창문을 열어보니 푸른 강물이 우리를 유혹하여, 짐을 던져 버린 채 다시 뛰어 나왔다. 주변 환경이 아름다웠다. 일어에 능숙한 남편인지라 일본 여인의 친절한 안내를 받으며 쇼핑센터에 다녀왔다.

먼 거리를 그곳 입구까지 안내를 해주고 돌아서는 여인의 배려 정신에 놀라워하지 않을 수 없었다. 다정다감한 아름다운 여인이었다. 나는 자리에 누워 자신에게 자문해본다. 이번 여행은 자식들의 배려로 떠나온 여행인데 과연 보람된 여행이었나? 음식이 맞지 않았고 차멀미하며 관광을 하게 되어 힘들었지만 그 반면에 일본 문화에 대해 많은 것을 알게 되었으니 이번 여행은 보람된 여행이었다고 말할 수 있다. 결과가 좋으니 흐뭇한 마음으로 잠자리에 들었다.-

이렇게 여행 중에도 기행문을 쓰고, 그 내용도 자기 자신을 되돌아보는 자기 성찰의 글이 들어 있다. 무작정 여기저기 구경이나 하고 먹고 마시고 놀다만 온다는 관광이 아닌 스스로 자기반성의 시간을 갖는다는 것은 얼마나 값진 여행인가.

이 기행문 중에는 설무 선생님의 손자인 듯싶은 최영준 군이 아버지를 따라 미국과 캐나다 그리고 일본을 다녀온 기행 이야기를 듣고 할머니가 쓴 〈아빠와 해외여행〉이란 시도 들어 있다.

  - 워싱턴: 백악관 / - 보스턴: 하버드대학, MIT공대 / - 캐나다 나이아가라 폭포 / - 일본 (중략) 최성주, 최영준(행복한 부자) / 먼 그곳 미국과 일본 곳곳에 / 알찬 추억거리 많이 만들어 오렴 / 보람된 초등학교 졸업 기념이 되리라 -

위에 조금 인용한 시는 손자 최영준 군의 졸업을 앞두고 그 아버지 되는 최성주 씨의 주선으로 부자가 외국여행을 다녀온 소재를 중심으로 창작한 시가 아닌가 싶다. 이렇게 설무 선생님댁 가족들도 여행을 즐겨하고, 가족들은 성심껏 어르신에게도 외국 여행의 기회를 드리는 등, 온 가족이 화합과 사랑의 아름다운 가풍을 지닌 점도 높이 평가할 만하다.
　다음으로 설무 선생님의 시들을 살펴보자.
　이분의 시편들 중에 가장 우리의 가슴을 아프게 하는 시는 2018년 3월에 작고하신 부군의 1주기를 맞아 금년 3월 22일에 쓴 〈일주기〉란 시다.

　　-그대와 이별한 지 어느새 / 일주기가 되었습니다 / 당신의 사랑을 받으며 살아온 / 우리 가족 숙연한 마음으로 / 모두 당신 앞에 섰습니다- (중략)
　　-여보, 정성들여 차려진 며느리의 제상차림 / 맛있게 많이 드시고 안녕히 가십시오 / 부디 평온한 마음으로 편히 잠드소서!-

　모두 6연의 시이지만 너무 안타까워 처음과 끝 2연만 인용을 했다. 1주기를 맞아 온 가족이 제사상 앞에 서서 먼저 가신 어른을 추모하는 정이 너무 절실하게 느껴지는 시다. 이번에 펴내시는 문집엔 수필도 가족끼리 여행한 기록이 많지만 이분의 시편들은 먼저 가신 부군을 추모하고 그리워하는 시정(詩情)이 너무 많아 정말 눈물 없이는 읽기 어려운 시들이다.

〈당신 앞에 우리 가족〉이란 시도 살펴보자.

  -여보, 어버이날 3일 앞두고 / 우리 가족 당신 앞에 섰습니다. (중략) // 당신 떠난 후 1년 1개월 만에 / 그렇게도 원했던 밤잠 / 어제 처음 깊이 잠들었던 8시간 / 나는 이제 살아났다 싶어 / 자리에 누운 채로 만세 3창을 / 그야말로 기적이 일어났다고 할까요? (중략) // 어버이 날 손 교수와 / 술잔을 나누며 회포를 푸십시오 / 이제 얼마 후 설무도 동참하게 되려니 / 물 좋고 경치 좋은 깔끔한 / 멋진 자리 잘 잡아두시오 / 만나는 그날까지 깊이 잠드소서!-

어버이날 3일을 앞두고 쓴 비가(悲歌)다. 살아생전 잘 지내던 손 교수나 만나서 술잔을 나누며 회포를 풀어 보라는 당부도 눈물겹다. 부군이 떠난 지 1년이 넘게 밤잠을 설치다가 13개월 만에 처음으로 8시간을 잤다는 고백도 슬픈 일이다. 이제 얼마 후면 자신도 동참할 테니 물 좋고 경치 좋은 자리 잡아 두라는 당부는 남편을 사랑하는 아내가 아니고서는 표현하지 못할 통곡의 표현이다.

  그 밖에도 〈알 수 없는 그 길〉이란 시도 가슴 아픈 추모의 글이지만 이제 그만 인용하려고 한다.

  이 글을 마감하면서 선생님의 이 문집 속에서 필자는 설무 선생님이 비록 부군을 여의고 고독과 그리움 속에 아프게 살고 계신 분이지만 다른 한 편으로는 역시 당당하고 굳건한 자신의 앞날을 설계하는 의지와 꿈도 가지고 계신 문인이란 점도 찾아 볼 수 있었다. 필자는 이런 표현을 읽고 얼마나 위안이 되고 다행이구나 싶었는지 모른다.

그런 심경을 토로한 시가 〈흐르는 세월 앞에서〉이다.

-84년의 세월 그동안 살아 온 / 내 삶을 회고해 본다 (중략) // 수십 년 세월 오늘날까지 / 매일 일기를 쓰고 / 오랜 세월 신문 스크랩을 하는 / 영감이 떠오를 때면 글을 쓰며 / 교정을 하고 / 가곡 교실에 나가 음악 공부를 하며 / 가까운 거리에 문단 행사에 참석하는 / 때론 시낭송도 하는 / 때론 음악 발성도 곁들여진 나의 생활 (중략) 이제는 내게 주어진 일에 / 더도 덜도 말고 / 이대로 살아갈 수 있기를 / 부처님 관세음보살님께 / 감사의 기도를 드리며 / 묵묵히 흐르는 세월 앞에서-

그밖에도 〈인생의 끝자락의 멋〉이란 시에서도

-(전략) 매사 비우는 맘가짐으로 / 오직 내 건강 다독다독 챙기며 살아가는 / 인생 길 끝자락의 삶이 / 슬픔보다 평화롭다 하리-
라고 읊고 있다.

이렇게 설무 선생님은 80대 중반의 노작가이시지만 이 문집의 기행문을 통하여 연부역강(年富力强)하신 기상을 보여주셨고, 비록 먼저 가신 분을 추모하고 그리워하는 시를 많이 쓰셨지만 수필과 시를 쓰는 문인으로서 앞으로도 글을 많이 쓰고 음악 애호가로서 노래 공부도 할 수 있는 생활의 의미를 긍정적으로 개척해 나갈 분으로 믿고 흔쾌하게 이 문집의 상재를 축하하는 의미에서 추천의 글을 드리고자 한다.

차 례

책을 내면서 … 002
추천사 … 004
노익장의 여심(旅心), 그리고 애모(哀慕)의
시정(詩情) - 김용철

에세이 1부 달빛 속의 어머니 얼굴

달빛 속의 어머니 얼굴 … 020
시집살이 … 024
편애 … 027
제주도 나들이(2박 3일) … 030
더도 덜도 말고 … 035
부모님 산소 … 042
고령 부부의 산행 … 045
용문사 은행나무 … 050
아버지 - 최성주 … 053
첫 번째 출간한 책 한 권 … 055

에세이 2부 육아일기

060 … 육아일기
065 … 사탕의 유혹
068 … 인터뷰
072 … 손미나 아나운서에게
074 … 전주 문학 강좌(국제 펜클럽)
077 … 문학 기행(한국여성문학인 페스티벌-
　　　　강원도 인제군 한국시집박물관)
081 … 국제 PEN대회(78회) 경주에서
084 … 캐나다 서부 여행
089 … 강원도 용평 나들이(1박 2일)
093 … 문학 기행(문예춘추 치악산 1박 2일)
096 … 일본 여행

에세이 3부 들꽃 한아름

들꽃 한아름 … 108
신록의 계절 오월(가족 여행 경주 1박 2일) … 112
여주 문학 기행(도봉문협) … 116
금혼의 나들이 … 119
그녀의 안타까운 시집살이 … 122
생쥐 한 마리 … 126
그녀의 빠른 쾌유를 빌며 – 최현희 … 129
어찌 이 날을 잊을 수 있으랴 … 134
우리의 인연 … 138
밀려나는 언어들 … 142
경주 문학 기행(한국여성문학인회) … 144
싱가포르 여행 … 148

시 1부 일주기

158 ⋯ 일주기
160 ⋯ 캠프파이어
162 ⋯ 침묵
164 ⋯ 깊어가는 가을
165 ⋯ 죽음
166 ⋯ 꿈은 이루어지다
168 ⋯ 이걸 어쩌나
170 ⋯ 문학 기행(한국여성문학인회)
172 ⋯ 아빠와 해외 여행
174 ⋯ 짝꿍
175 ⋯ 새해 아침
176 ⋯ 둑길을 걸으며
178 ⋯ 화목
179 ⋯ 노을
180 ⋯ 유화 그림 한 점

시 2부 흐르는 세월 앞에서

은사님의 부음 소식 … 182
폭염 … 185
김순임 여사님의 부음 소식 … 186
군에 입대한 최영준에게 … 190
사랑하는 손자 석준에게 … 192
산책길 … 194
당신 앞에 우리 가족 … 197
은사님을 모시고 … 200
아니 이럴 수가 … 202
서산에 지는 노을 … 204
문학 기행(충남 추사기념관) … 206
강화 문학 기행(계간문학 작가회) … 208
인생길 끝자락의 멋 … 210
젊은이들에게 고하노니 … 212
흐르는 세월 앞에서 … 214

에세이 1부

달빛 속의 어머니 얼굴

달빛 속의 어머니 얼굴

　창틈으로 쏟아지는 달빛을 보며 어린 시절 추억에 젖어 든다. 안성 산골마을 해주 정씨 대를 이어온 부친과 하만 이씨 어머니 사이에서 2남 3녀 중 나는 셋째로 태어났다.

　농가의 생활인지라 어머니의 손길은 얼마나 바빴던가! 그야말로 손톱 자랄 새 없이 바쁜 삶을 살았던 우리 어머니… 호롱불 아래 밤샘하시며 일곱 식구의 옷을 지으시던 어머니, 깊은 밤에 조용히 흐르는 선율은 어머니의 노랫가락이었다. 으으으음~~콧소리도 잠결에 듣기에는 너무 슬픈 가락이었기에 나는 듣기 싫다며 이불을 뒤집어썼던 일이 어디 한두 번이었던가! 당신 삶의 애절한 사연들을 토해내는 것이었으리라. 겹겹이 쌓인 어머니 가슴 속에 상처를 왜 헤아리지 못했을까? 철부지였던 어린 시절이여!

　아버지는 사업가셨다. 남편 의견에 무조건 복종하는 우리 어머니. "여보 사무실에서 조석으로 오르내리기가 귀찮아서 아무래도 부엌데기 하나 둬야겠소." / "당신 좋을 대로 하시구려." 아무 생각 없이 아버지 말에 따른 어머니.

　아버지는 멋지게 집 한 채를 사무실 옆에 지어 놓고 어느 날 부엌데기를 데리고 대문 안에 들어섰다. 이게 웬일인가! 절구질을 하던 어머니의 황당함은 절구대가 후들후들 떨릴 정도였다. 공단머리 쪽진 여인의 매력적인 이목구비는 지나가는 사람도 다시 돌아볼 정도의 미모였다. 아니! 부엌데기가 아닌 그야말로 천하일색 양귀비, 물 찬 제비였다.

　어머니를 만나는 순간부터 형님이란 호칭으로 살갑게 다가서는 그녀를 박차지 못한 채로 살아가야만 했던 우리 어머니, 그 여인은 얼마나 영리했던가! 어머니의 마음을 사로잡고 말았다. 형님 대접을 깍듯이 하며 집안에 어떠한 일에도 어머니 편에 서 있었다. 두 분이 다투는 모습을 우리 형제들은 단 한 번도 본 적이 없었다. 다행히 아이를 낳지 못하는 그녀는 우리 오남매에게 아낌없이 많은 것을 주었기에 우리는 그녀를 잘 따랐던 것 같다.

　아버지는 큰 부인과 작은 부인 살림살이를 똑같이 해주셨다. 고급 의걸이 장식장이며 모든 살림살이를, 심지어 다듬잇돌까지도, 그러나 금방석에 앉은들 어머니의 가슴속은 숯검정이가 되었었겠지, 돌부처도 돌아앉는다는 말이 있다. 그러나 원래 남편을 존경해 왔고, 또 엄격한 남편에게 무조건 참는 것을 미덕으로 생각하며, 남편에게 원망 한번 제대로 못해 본 채 아픈 사연들을 모두 삼키며 살아온 어머니셨다. 게다가 아버지는 몹시 깔끔한 성격이라 우리 식구들은 항상 긴장하며 살아야 했다. 대문 밖에 있는 은행나무 아래에서 친구들과 재미있게 놀다가도 왱무랭이 둑길에 아버지의 모습이 나타날 때면 허둥지둥 집으로 달려와 집안 정리 정돈에 신경을 써야만 했다.

자식들에게 매 한 번 든 적 없고, 욕설 한 번 한 적 없는 아버지 곁을 왜 다가서지 못하고 항상 손님 대하듯 어려워만 했는지…. 초등학교 2학년쯤이던가? 이웃에 사는 친구네 집에 가보니 아버지와 밥상에서 가족들이 화롯불에 보글보글 끓는 청국장 뚝배기를 놓고 함께 식사하는 모습이 얼마나 부러웠던지 손으로 입을 가린 채 꿀꺽 군침을 삼키며 마음속으로 중얼댔다. 그래! 나는 이다음에 커서 친구 아버지처럼 나무 지게 지는 사람한테 시집 갈 거야! 우리 아버지처럼 엄격한 아버지는 싫어 정말 싫었다!

그 후 아버지의 사업이 점점 기울어지자 어머니의 가슴앓이가 되었던 작은 어머니는 아버지 곁을 떠났다. 오랜만에 어머니는 남편사랑을 독차지하게 된 것이다. 노후의 어머니는 주위 사람들이 부러워하리만치 아버지와 정겹게 살다 떠나셨다. 두 분이 이승을 떠난 지도 많은 세월이 흘렀다. 아버지가 떠난 지 1년 만에 어머니는 무엇이 그리 급하셨던가? 바로 아버지 곁으로 따라 가셨다.

 어느새 이십 년이 훨씬 넘은 긴 세월이 흘러가 버렸다.
 달빛 속으로 비치는 내 어머니! 사무치게 그리워 내 볼에 흐르는 눈물이여!

시집살이

　인사동 출판기념회관을 향해 걸어가고 있을 때였다. 함께 걸어가던 K작가는 내게 이렇게 말했다. "선배님은 며느님 시집살이 많이 시키셨죠?" 어머, 그 언젠가는 본부인 같지가 않다고 하더니만 이제는 또 엄한 시어머니로 보고 있네. 황당한 그녀의 물음에 아니라고 대답했다. 과연 나는 며느리에게 시집살이 시키지 않았나? 하고 자문해본다.

　며느리는 2년 3개월 동안 함께 살다 분가시켰다. 그간에 세 번을 며느리에게 질책했었던 일이 있었다. 거듭 말해도 고쳐지지 않아 따끔한 꾸지람을 할라치면 나의 감정을 사로잡는 비법이 있다. 다소곳이 무릎을 꿇고 앉아 두 손을 모은 자세로 "제가 부족한 점이 많아요. 어머니, 용서해주세요." 한다. 이런 며느리에게 누군들 어찌 심한 시집살이를 시킬 수 있으랴. 공손히 용서를 비는 모습에 나무랄 사이도 없이 나의 화증은 눈 녹듯 사르르 녹는다. 저렇게 착한 사람을, 연륜이 깊어지면 살림살이 잘하게 되겠지. 나의 손은 어느새 며느리 등을 다독이며 손을 잡고 만다. 그러나 며느리 입장에선 그런 것들이 모두가 시집살이였으리라.

 고부간 사이는 지는 것이 이기는 것이라고. 그러나 며느리가 딸이 될 수 없고, 시어머니가 친정어머니가 될 수 없다는 말이 있다. 한 가정의 고부간 사이가 원만치 못하면 그 가정은 모두가 삐걱댈 수밖에 없다는 사실. 그러기에 지는 것이 이기는 것이란 말이 있나 보다. 사실 나는 시집살이를 모르고 지내왔다. 그 시대만 해도 대가족 제도였었는데 남편 직장 따라 살다 보니 결혼 초부터 우리 부부만의 삶이었기에 많은 것을 잃고 살아 왔다고 나는 말한다. 물론 우리끼리 살면 정신적으로 편하겠지만 그보다 더 큰 것들을 많이 잃는다는 사실, 어른들이 오랜 세월 살아오신 지혜를 본받지 못한 삶이 아쉬움으로 남아 있다.
 주변에 시어른을 모시고 살아가는 사람들을 부러워했었다. 그 가정을 들여다보면 물론 자유롭지는 못하지만 그 반면에 자신을 성숙하게 발전시키는 원동력이 되는 과정이라고 보았다. 그리고 어른들 밑에서 아이들 키우기란 얼마나 수월한가, 또한 교육면으로도 덕이 되지 않는가!
 시어른을 모시고 살아온 주부는 매사에 조심성이 있고 그 반면에 깊은 안목이 자태에 배여 있는 겸손함, 그 점이 부러웠었다.

  단 둘이 자유롭게 살아온 나는 매사에 자기 몸 사리기 일쑤다. 그러기에 자칭 꾀보라고 말한다. 자유로운 것이 절대 좋은 것만은 아니라는 것을…. 때로는 위축되어 조심성 있게 살아가는 것도 바람직하지 않을까? 나는 다시 태어난다면 엄한 시부모님 밑에서 따끔한 지적을 받으며 나의 부족한 부분을 발전시키는 삶을 살아보고 싶다. 다소곳이 용서를 빌 줄 아는 며느리의 삶을 살아 보고 싶다. 과연 나는 며느리 시집살이 시키지 않았다고 당당하게 말할 수 있을까?

                                      2006년 가을

편애

 TV화면에서 흰 털을 가진 요크셔테리아 두 마리가 한 집에서 살고 있다. 웬일인지 그들의 싸움은 이판사판 상상을 초월하리 만큼 하루도 거르지 않는다. 날카롭게 으르렁 대며 물고 뜯겨 귀 앞뒤 부분을 삼십 바늘이나 꿰맨 적도 있었다고 한다. 누가 더랄 것도 없이 오늘도 물고 뜯으며 무서운 전쟁을 벌이고 있는데 한 놈의 입에서 붉은 피가 흘렀다.

 수의사에게 진찰 받은 결과 그간의 심한 격투로 이가 모두 부서져 있으며 성한 이빨이 없다고 했다. 격렬하게 싸울 때엔 감히 누구도 끼어들 수가 없었다. 주인은 울상을 지으며 어쩔 수 없이 한 놈의 꼬리를 번쩍 쳐들었다. 바닥에 있는 놈은 공중에 거꾸로 매달려 있는 놈을 물으려고 펄펄 뛰었다. 주인은 하루에 3번씩이나 곤욕을 치른다고 했다. 왜 이런 끔찍한 고통을 받으며 두 마리를 기르냐? 고 묻는 이가 있었다. 두 마리 다 깊은 정 때문에 버릴 수가 없다고 주인은 말했다.
 더욱 황당하고 놀라운 사실은 그들이 모녀간이라는 것이다.

아무리 짐승일지라도 어찌 어미와 새끼 간에 혈육의 정을 못 느낄까 싶다. 주인의 사랑을 독차지 하고 싶은 질투심에서 비롯된 싸움이라고, 서열이 확실하게 정해지지 않았기 때문이라고 수의사가 말했다. 조련사가 대문 안에 들어섰다. 이들의 강한 싸움을 팔짱을 낀 채 한참 동안 심각한 표정으로 관찰을 한 후 무언가 알았다는 듯 고개를 끄덕였다. 묶여져 있는 목쇠사슬을 두 놈 다 40cm 길이로 똑같이 짧게 한데 묶어 놓았다. 더 싸움이 될까 싶어 나는 눈살을 찌푸렸다. 싸울수록 함께 있어야 한다는 조련사의 말이었다.

훈련 도중 칭찬을 편애 없는 사랑으로 해주어야 한다며 주인에게 당부를 했다. 과연 조련사의 방법이 옳은 방법일까 싶었다. 주인은 조련사의 말 그대로 편애 없이 칭찬을 해주며 사랑의 눈빛을 보냈다. 이게 웬일인가! 믿어지지 않는 사실은 이 방법으로 요크셔 모녀의 격렬한 싸움이 치료가 되었다고 하니 조련사의 교육 방법에 감탄했다. 역시 전문가는 달랐다. 지금은 다정한 모녀 사이가 되어 격투 없이 행복한 생활을 해 나간다며 흐뭇해하는 주인의 미소를 보며 안도의 숨을 내쉬었다.

편애 때문에 마음을 다치게 한다는 사실, 하물며 짐승들도 편견에서 오는 질투심이 그토록 강한데 인간이야 더 말할 게

있나 싶다. 이들의 모습을 보며 "형제"라는 영화 한 장면이 떠올랐다.

어느 과수댁이 아들 형제를 데리고 어렵게 살아가고 있었다. 아무래도 내리사랑이 있지 않은가. 그러나 엄마의 눈치코치 없는 편애 때문에 큰아들은 소외감에 빠져 방황하고 있는 것을 엄마는 모르고 있었다. 결국 큰아들은 폭군이 되어 버렸다. 둔한 엄마의 편애 때문에.

눈치 없이 / 동생에게 퍼붓는 사랑
엄마의 편애 때문에 / 우리 형제 사이
점점 멀어지는 것을 / 참을 길 없어
벽돌 담 치니 / 내 손등만 부서지네

작은 아들은 소아마비로 의대에 진학하게 되었으나 폭군이 된 형 때문에 빛을 발휘하지 못한 채 이들 형제는 저세상으로 떠날 수밖에 없는 운명이었다. 요크셔들의 편애에서 오는 질투심과 영화에서 본 형제간의 편애, 정말 우리가 헤아려야 될 부분이라는 것을. 자식을 키우는 부모로서 아래 위 질서를 분명히 헤아려 편애 없는 사랑으로 올바른 자식 교육에 힘써야 함을 요크셔테리어 모녀를 보며 새삼 깨닫게 되었다.

2007년.

제주도 나들이 (2박 3일)

　오전 7시 40분 서둘러 집을 나섰다. 혜화동에서 만난 우리 일행은 조카인 손미나 승용차에 올라 반가움에 깔깔, 깨소금 향이 폴폴 날리는 내 딸 성희와 함께 하여 더욱 기뺐다. 어느새 김포공항에 도착하여 12시 15분 비행에 올랐다. 아우와 함께 한 좌석 내 옆에 70대의 듬직한 체구의 멋진 신사가 앉았다. 그는 내게 말을 건넨다.
"이 연세에 여행을 하시니 참 행복하십니다."
'어머, 내가 그렇게 늙어 보이나?' 라는 생각이 들어서
"나, 아직 젊었어요." 하자 그는 호탕한 웃음으로 껄껄댄다.

　그래, 맞는 말이다. 팔십이 다 된 내가 아닌가! 그는 제주도에서 교육연수원을 운영하며 세계적인 낚시회의 회장이라고 스마트폰에 입력된 많은 것들을 모두 내게 보여준다. 713번째 비행기에 올랐다며 행복해하는 그의 미소와 자상한 그 분 이야기에 반해 지루함 없이 제주공항에 도착했다. 10년 전에 본 제주 공항의 모습과는 많이 달랐다. 무엇보다도 훌쩍 커버

린 야자수가 나의 시선을 끌었다.

　준비된 렌트카에 올라 신나게 숙소로 달렸다. '해비치리조트 호텔' 17층 1701호 숙소에 짐을 풀고 창 밖에 끝없이 펼쳐진 바다와 하늘이 맞닿은 이곳 푸른 물살에 흰 거품 부딪히는 파도소리 우리에게 손짓을 하네, 함께 놀자고, 어서 나오라고. 바람에 헝클어진 머리 다독이며 옷을 갈아입고 앞 바다로 달려 나가 푸른 잔디밭을 훨훨 날으는 우리들, 요란하게 부딪히는 파도 소리 쏴~철썩 쏴~철썩 우리도 질세라 목청 높여 노래를 불렀다. 내 혈육과 함께한 여행 정말 평화롭고 행복한 것을.

　해가 서산에 기울자 꼬르륵 신호에 전복 돌솥 비빔밥으로 저녁을 먹고 호텔 로비에 앉아 도란도란 이야기꽃을 피우다 피곤함에 숙소에 올라왔다. 내 조카 미나와 내 딸 성희는 커피숍으로 발길을 옮겼다. 아우와 나는 침대에 누워 늙어버린 신세타령을 했다. "어느새 우리가 이렇게 늙어 기력이 부진해 버렸지? 언니, 우리가 십 년만 젊었다면 얼마나 좋을까?" 돈 주고도 살 수 없는 젊음, 못내 아쉬움을 피곤한 눈망울 껌벅이며 사르르 비몽사몽.

　어느새 호텔 거실에 올라와 주고받는 딸들의 대화, 얼마 전 아버지 잃은 슬픔에 눈물 펑펑 흘리는 조카딸 모습에 어찌나 안타깝던지 나 역시 눈시울 찔끔. "미나야, 이제 아버지 생각

그만해라. 너의 아버지께서는 하늘나라에서도 역시 **훌륭하게 잘 지내실거다.**"라고 위로했다. 남편 그리움을 억누르며 살아가는 내 아우(성자) 잠자는 모습을 보니 애처로워 목이 메인다. 그러나 누구나 거쳐야 할 과정인 것을 어쩌겠는가. 세월이 약이 되겠지라고 위로하며 사르르 잠이 들었다.

 날이 밝아 곱게 단장을 하고 호텔 식당으로 내려가 미네랄이 풍부한 매생이 미역국 맛있게 아침을 먹고 차에 올라 외돌개 올레길 7코스에 들어섰다. 이름 모를 아름다운 초목들이 빼곡하게 들어선 넓은 바다를 끼고 비탈진 산길을 계속 오르며 체력에 한계가 느껴지자 발길을 되돌린 우리, 해가 반짝하다가도 갑자기 비가 내리는 제주도의 날씨 억세게 부는 바람, 그런데도 영양이 좋아서일까? 참기름을 발라놓은 듯 초목들의 윤기가 자르르 흘렀다.

 도깨비 도로 방문. 자동으로 굴러간다는 이 도로, 물병을 시멘트 바닥에 놓으니 신나게 굴러가는 모습 신비로움에 힘찬 박수를 보냈다. 차에 올라 용눈이오름에 도착, 용눈이오름은 해발 247.8m, 면적 40만 4,264m, 높이 88m, 둘레 2,685m이다. 푸른 초원에서 풀을 뜯고 있는 누런 황금색의 소떼들 그들을 향해 비탈진 길을 맑은 공기 만끽하며 딸들의 손을 잡고

뚜벅뚜벅 내 부진한 기력에 많이 올라왔다는 통쾌감에 두 팔을 번쩍 만세를 외쳤던, 가슴 속까지 뻥 뚫리는 기분. 내리막길이 힘들었으나 딸 손에 의지하여 무사히 내려왔다. 해가 서산에 기울자 숙소로 달렸다.

  호텔 부근에 있는 음식점에서 흑돼지 오겹살로 저녁을 먹고 숙소에 들어선 우리 자매, 샤워를 하고 아우와 나는 도란도란 이야기꽃을 피우다 피곤에 지쳐 사르르 꿈나라로, 딸들은 젊음을 과시하며 밖에서 즐기고 있다.

  새벽잠에 취한 눈을 비비며 앞 바다를 바라보니 붉은 해가 바다 속에 풍덩 찬란하게 비춰진 그 모습, 황홀감에 나는 황소 눈망울이 되었다. 어찌나 곱던지 감탄사가 절로 나오는 것을 요란한 파도소리와 하모니를 이뤄 함호영 작사 / 홍난파 작곡 '사공의 노래'를 힘차게 불렀다.

   두둥실 두리둥실 / 배 떠나간다 / 물 맑은 봄 바다에 /
   배 떠나간다

피곤에 지친 체력을 항상 음악으로 재충전시키는 나의 습관. 서둘러 우리는 호텔 뷔페로 조반 식사를 하고 차에 올라 '사려니숲'으로 향했다. 얼마쯤 가다 보니 피곤에 지치고 차멀미까지 동반되어 몹시 괴로웠다. 목적지에 도착하여 숲 속에 들어서 보니 울창한 나무들이 장관이었다. 효심이 남다른 내 조카 손미나, 그토록 바쁜 일정을 뒤로 하고 오직 엄마와 이모를 즐겁게 해주려고 떠나온 여행인 것을. 2박 3일 함께한 여행 즐겁고 행복했다.

  제주 공항에 도착하여 3시 비행기에 올랐다. 내 옆에 자리한 미나 노트북에 재빠른 손놀림으로 어느새 그들먹하게 써내려간 글, 얼마나 놀랍고 장하던지 '그래, 너는 타고난 글쟁이야.' 내심 중얼댔지. 아나운서에서 여행 작가로 변신한 너를 알만 하구나, 어찌 그 끼를 묻어둘 수 있으랴. 어려서부터 남달리 영리했던 미나, 이모가 붙여준 별명 너도 알고 있지? '우리 미나 머리는 독일제'라고. 다정다감한 조카딸의 보호를 받으며 이번 제주도 여행 즐겁고 행복한 여행이었다. 다음에는 어느 곳으로 여행시켜 주려나, 이모는 또 기대하련다.

                    2013년 9월 22~24일(2박 3일)

더도 덜도 말고 (1박2일 강원도 기행)

　우리 일행 12명은 청량리역에서 강원도 중산행 기차에 올랐다. 모두들 군것질 거리를 조금씩 준비해 왔는데 이민승 친구는 달걀 30개를 반숙으로 삶아왔다. 여자도 아닌 남자로서 반숙으로 적당히 삶은 솜씨에 모두들 놀라워했다. 이제 칠십이 넘은 노인 노파들, 뺀질대던 이마와 얼굴에는 어느새 세월의 무게만큼 주름살이 골 져 있고 노인들의 벗겨진 대머리는 모자로 가리고, 노파들의 바글대는 주름살은 화장으로 가렸으나 나이는 속일 수가 없었다.

　동창회 모임을 갖게 된 지 어언 15년, 모두들 오늘날 이렇게 건강하게 살아있음에 감사해야 하겠지. 우리는 만나는 순간부터 동심의 세계로 빠져든다. 나의 어설픈 글에도 항상 용기를 주는 친구들이 있기에 나는 행복하다. 산골 소년 소녀들이 변화한 도회지 생활에, 그래도 사회의 한 몫을 당당히 해내는 몇 명의 친구들, 정말 고맙고 장하게 생각된다. 출발한 지 3시간 40분 만에 중산역에 도착했다. 우리를 마중 나온 이종

범 회장, 예약된 음식점으로 안내를 받아 토종 찜닭으로 맛있게 점심을 했다. 곁들여 나온 포실 포실한 뽀얀 강원도 감자 별미였다. 이 회장은 봉고차 1대와 승용차를 대기시키고 있었다.

  화암굴 입구에서 가파른 언덕길을 걸어서 20분 동안을 힘들게 올라갔던 그 길을 국내 유일의 '모노레일카'가 설치되어 힘들지 않게 화암굴 입구에 도착했다. 우리는 화암굴 안으로 들어섰다. 금과 대자연의 만남이었다. 국내 유일한 테마형 동굴이다. 1922년부터 1945년까지 금을 캤던 천포광산으로 금광 굴진 중, 천연 종유동굴이 발견되어 신비로운 모습을 세상에 드러내게 되었다 한다. 수많은 광부들의 애환이 서려있는 삶의 현장인 금광의 흔적을 그대로 만날 수 있었다. 우리가 알지 못했던 금의 다양한 모습을 볼 수 있었다. 현재 개방된 천연 종유굴은 2,800㎡규모의 광장이고 관람길이는 1,803m로, 총 관람 시간은 1시간 30분 정도라고 한다.

  금을 캐낸 흔적, 돌이 곳곳에 뚫린 흔적을 보니 사람 손의 힘이 그만큼 대단하다는 것을 느꼈다. 금맥 따라 상하부의 갱도를 수직으로 연결하는 고저 차 90m의 천연 동굴은 365개의 계단으로 어마어마하게 이루어져 있었다. 모두들 체력의 한계를 느끼며 가파른 계단을 따라 내려가다 보니 바로 머리 위에 석화가 피어나 있었다. 자연 동굴광장 정면에 위치한 대형 석순과 석주로서 높이 8m, 둘레 5m 규모의 대형석순 3개로 이루어져 있으며, 다양한 종유석이 자라고 있어 신비감을 느꼈다. 그런데 이게 웬일인가! 어느 못된 사람이 예쁘게 자라는 어린 종유석을 뚝, 잘라낸 흔적이 있어 안타까웠다. 소요시간은 말대로 1시간 30분이 걸렸다. 동굴의 규모와 아름다움에 모두들 감탄을 자아냈다.

 우리는 '화암 약수터'로 향해 얼마쯤 가다 차를 멈추었다. 화암 약수터의 유래는 이렇다. 1910년 쯤 이 마을에 사는 '문명무'씨가 구슬봉 높은 바위 아래에서 청룡과 황룡이 서로 엉키어 몸부림을 치더니 하늘로 치솟아 올라가는 꿈을 꾸고 깨어났다. 예사롭지 않은 꿈이 아닌가 싶어 그는 다음 날 그곳에 가서 땅을 파보니 갑자기 바위틈에서 물이 거품을 뿜으며 치솟았다. 약수가 솟는 뾰료롱 소리를 들으며 한 모금 마셔보니 혀끝을 톡 쏘는 맛에 세포 하나하나가 시원해지며, 체기까지 쓸려 내려가는 듯 했다고 한다. 나는 한 모금 떠 마셔보니 정말 혀끝이 짜릿했다. 화암 약수는 위암에 뛰어난 효과가 있고 철분과 탄산수가 풍부하고 칼슘과 불소 등 9가지 건강 필수 성분이 함유되어 있다고 한다. 이종범 회장 안내로 많은 것을 알게 되었고 즐겁게 오늘의 일정을 마쳤다.

저녁식사가 끝난 후 호텔 지하 노래방에 들어섰다. 아주 넓은 공간이었다. 각자 자기만의 음악성을 발휘하며 신나게 불렀다. 이런 기회가 또 있을까? 오늘 이 회장 안내를 받으며 놀라웠던 것은 호텔을 4개나 갖고 있다는 사실이었고 우리들은 그런 친구가 있다는 것을 자랑스러워했다. 앞으로 몇 개나 더 갖게 될까 싶다. 중산 엘카지노 호텔, 펜션텔 사북, 월드컵 호텔, 엘카사 호텔, 지난 2006년 카지노 호텔 준공식 때 우리를 초대했다. 그리하여 동창회장 손원태는 내게 축시 한편을 부탁했다. 그러나 차멀미에 지친 나는 축시 낭송을 제대로 할 수가 없었다. 그래서 손 회장에게 꾸지람을 듬뿍 받았던 1년 전의 일이 떠올라 나는 빙긋이 웃음이 났다.

우리는 즐겁게 노래 부르고 숙소로 올라와 소주잔 기울이며 이 회장은 자신의 지난 세월을 밝혔다. 쓰리고 아팠던 과거사, 젖먹이까지 5남매를 둔 가장으로서 식생활이 되지 않아 아내는 돈 벌어 오겠다며 집을 나간 그 길로, 영 돌아오지 않았다고 한다. 그의 나이 33세, 다행히 어머니가 계셨기에 아이들을 돌볼 수가 있었다고 한다. 그러나 2년 동안 아이들을 돌보시다 저 세상으로 떠나신 어머니!

이제 어린 자식들을 어떻게 한담! 앞이 캄캄할 뿐, 움치고 뛸 수도 없었다. 세상을 등지고 싶은 생각이 어디 한두 번이었던가 한다. 이런 세월이 7년이 지나, 다행히 40세에 좋은 인연을 만나 재혼을 했다. 그 당시 땅 계약금 10만원으로 연립주택 2층집을 짓기 시작한 것이 오늘날의 대 사업가가 되었다. 장한 사나이라고 외치고 싶다. 죽기 아니면 까무러치기로 최선을 다하며 살아왔다는 그의 성실함에 찬사를 보낸다. 그는 사회에 많은 봉사를 하며 살아가는 장한 친구였다. 우리 동창들은 이렇게 훌륭한 친구가 있다는 사실만으로도 행복하다고 모두들 입을 모은다. 그는 새벽 3시까지 자기가 살아온 체험담, 힘들었던 역경들을 쏟아내며 많은 대화를 나누었다. 어린 시절을 엄마 없이 힘들게 살아온 5남매, 그 자식들은 아버지의 능력으로 오늘날의 풍요로운 생활을 만끽하게 되었으니 자식으로서 그 아버지가 얼마나 감사했겠는가?

둘째 날 호텔식당에서 아침을 들고 차에 올랐다. 강원도 깊은 산속은 아직도 눈이 하얗게 덮여 있었다. 봄날답지 않게 찬 날씨에 흰 눈이 휘날리고 있다. 아우라지는 강원도 무형문화재 제1호인 정선 아리랑의 대표적인 가사 유래지로서 송천강과 골지천이 합류되어 어우러진다하여, 아우라지라고 한다. 특히 뗏목과 행상을 위하여 객지로 떠난 님을 애달프게 기다리는 애절한 마음, 육각형 옆에서 님을 기다리는 여인의 동상을 뒤로 하고 '레일바이크'에 올랐다.

처음 접해보는 레일바이크는 페달을 밟아 철로 위로 달리는 네 바퀴 자전거로 구절리역에서 4명씩 짝이 되어 레일바이크를 타고 주변 경치를 모두 볼 수가 있었다. 그러나 쌀쌀한 찬바람 때문에 가슴속까지 냉기가 파고들었다. 주변의 벌거벗은 나무들도 추위에 떨고 있는 듯했다. 손발이 시려 동동거리며 호호 손을 불어가며 드디어 목적지에 도착하여 따끈한 오뎅국을 마시고 나니 시렸던 가슴과 손발이 서서히 온기를 찾게 되었다. 소나무고개집, 곤드레나물밥집으로 향했다.

이곳 산 속에는 벌통이 군데군데 서있었다. 곤드레나물은 해발 700m 이상 고지대에서 자라는 나물로서 과거에 궁핍했던 시기에 농민들을 먹여 살린 구황 식량이었다. 요즘 도시민의 입맛에도 어울리는 강원도의 산채음식이라 한다. 그러나 차멀미가 난 내 입맛에는 별로였다.

강원랜드로 신나게 달렸다. 이 회장은 이곳에 살면서도 강원랜드 안에는 한 번도 들어가 본 적이 없다고 하며 주변을 한 바퀴 돌아 나왔다. 강원랜드 카지노에 주말에는 6천 명이 드나든다고 하니 놀라웠다. 우리들은 곳곳에 이 회장의 안내로 구경 잘하고 숙소에 들려 잠시 피로를 풀고 짐을 챙겨 나왔다. 중산역까지 배웅 나온 이 회장의 뒷모습이 왠지 쓸쓸해 보였다. 아무래도 나이 탓이겠지. 1박 2일 여행은 알차고 뜻 깊은 여행이었다. 이 회장 배려에 감사할 뿐! 이틀이나 시간을 내어 다정다감하게 가이드 역할을 해 주었으니 우리 모두 고맙게 생각했다. 이제 얼마 남지 않은 우리의 삶, 더도 덜도 말고 이대로만 살아갈 수 있다면···.

2007년 3월 16일

부모님 산소

거리가 온통 붉은빛, 푸른빛으로 물들어져 있는 사월.
우리 부부는 아들네 3부자와 함께 안성 노승산으로 향했다. 창 밖에 푸르름이 싱그러웠다. 몰라보게 달라진 고향 산천, 어느새 노승산 입구에 도착했다. 깊은 산 속 외딴 집에 사나운 개들이 산자락을 꽝꽝 울렸다. 2마리는 묶여 있었고, 풀어 놓은 개 한 마리가 우리 뒤를 계속 따라오며 사납게 짖어댔다. 손자 녀석들은 개 짖는 소리에 겁에 질려 있고, 어찌나 겁이 나던지 마침 발끝에 채이는 몽둥이를 집어 들고 휘두르니 그제서야 돌아서는 사나운 개, 비탈진 산자락 숲을 헤쳐가며 양지바른 산소 앞에 다가섰다.

오랜만에 찾아뵙게 되어 죄송한 마음에 눈시울이 뜨거워졌다. 딸자식은 출가외인이라 했던가. 봉분 앞면에 잔디는 보이지 않고 잡풀과 뿌리가 깊게 뻗은 쑥부쟁이를 손자들과 함께 모두 캐냈다. 잔디가 별로 없으니 여름 장마에 봉분이 파일 것만 같아 안타까움에 긴 한숨을 내쉬었다. 마음 같아선 당장 푸른 잔디를 덮어 드리고 싶었다. 그러나 산소는 함부로 떼를 입히는 게 아니라고 하는 남편, 올해 장마가 끝나는 대로 또 찾아 뵈옵겠다고 다짐했다.

  이때 어디선가 예쁜 아기 개구리 두 마리가 우리 곁으로 다가왔다. 영준이는 연두색 옷을 입은 청개구리를 손에 쥐고, 석준이는 나무색 옷을 입은 개구리를 손에 쥐었다. 신기하여 와~ 하며 소리치는 녀석들, 엄지손가락 크기에 아주 작은 아기개구리였다. 앙증맞게 톡 튀어나온 눈망울이 예뻐서 손에 쥐어보니 촉촉한 촉감이 아주 좋았다. 봉분 앞면 바닥을 우리는 옹기종기 둘러앉아 한 삽씩 팠다. 녀석들은 포실포실한 황토 흙을 고사리 손으로 신나게 파헤쳤다. 땅 속 깊이 맑은 햇살이 꽂히니 황토 빛깔이 더욱 선명했다.

  1월에 출간한 「빨간 구두의 신부」 수필집을 꽃이 피는 봄이 오면 부모님께 드리겠다고 어머니께 약속을 했었다. 흰 플라스틱 상자 안에 책 1권을 담아 물이 스며들지 않도록 야무지게 포장하여 땅 속 깊이 부모님께 안겨드렸고, 생전에 좋아하시던 음식도 푸짐하게 올려드렸다.

  아~ 부모님께 칭찬받던 일들이 모락모락 피어오른다. 어머니는 나를 만날 때면 항상 머리를 쓰다듬어 주시며 "애야, 노래 좀 불러봐라 너의 노래 음성이 너무 듣기 좋다."고 하셨다. 우리 집에 오실 때마다 화목한 가정이라고 많은 칭찬을 해 주시던 아버지 어머니, 아직도 우리 부부와 3남매 기억에 남아 그 말씀 밑거름 되어 더욱 화목하게 잘 살려고 노력하며 살아왔다. 그러기에 서투른 노래를 항상 흥얼대며 또한 미숙한 글이나마 지난 삶, 가슴 속에 고여 있는 사연들, 누구에게도 말 못했던 것들을 표출하며 살아가고 있다.

                        2006년 4월 29일

고령 부부의 산행

　불암산 약수터 쪽을 향해 비탈진 산길을 힘들게 걸었다. 스포티한 등산복 차림에 활기찬 발걸음들, 젊은이들을 바라보며 "우리도 저런 젊은 시절이 있었건만" 부러움이 가득 찬 남편의 눈빛, 우리는 서로 바라보며 허탈한 웃음을 지었다. 그때 우리 앞을 지나가던 60대로 보이는 그 남자, 힐끗 우리를 돌아보며 다가섰다. "어르신들 자주 산에 올라오세요?" 일요일마다 등산을 한다고 했다. "두 분 함께 하는 모습이 너무 보기 좋습니다." 가파른 등산길을 힘들게 올라가는 우리의 마음을 헤아리기나 한 듯 위로의 말이었다. 아마 자기 부모님 생각이 난 모양이다.

　불암산 입구에 있는 매점에 들려 오징어 한 마리와 땅콩을 샀다. 오징어를 깔끔히 물에 씻어 숯불 석쇠에 구어 준다. 이곳 주인 역시 은색 머리카락의 노부부가 딱해 보였던가 과분한 칭찬을 늘어놓는다. 할아버지 할머니 항상 멋쟁이세요, 고생을 전혀 모르고 살아온 분 같다, 등등 역시 위로의 말이었으리라. 고지식한 남편은 그들의 칭찬에 싱글벙글, 허기사 칭찬에 싫다할 사람 있겠는가. 진실이든 거짓이든, 그들 말에 힘이 생겼던가 그토록 무거웠던 발걸음이 보다 가볍게 통나무 계단을 올라섰다. 나는 항상 이곳 벤치에 앉아 신선한 공기 마셔가며 오징어 땅콩을 우물거리며 책도 읽고 노래도 흥얼흥얼 저만치 올라간 남편을 지루함 없이 기다리곤 했었다. 남편은 그 여인들의 칭찬에 기분이 좋았던지 불암산 정상 507m 거리를 올라갔다 오겠다고 했다. 그러나 한참 동안을 기다려도 내려오지 않아 지루했다.

나는 용기를 내어 한발두발 산에 오르기 시작 했다. 조금만 더 올라가면 남편을 만나겠지…. 그 기대에 발걸음을 재촉했다. 등산로가 많이 가파르고 험악하여 때로는 엉금엉금 기어오르기도 했다. 깊은 산중, 외로움과 적적함에 눈시울이 질끈했다. 이때 내 옆을 지나가는 등산객에게 물었다.
"여보세요! 불암산 정상까지 얼마나 더 올라가야 되나요?"
"아직도 더 한참 올라가야 해요. 헛발디디면 큰일 납니다."
그의 말에 겁이 덜컥 났다. 무거운 몸을 애써 이끌며 발걸음에 내 몸을 실었다. 내 주제 파악도 못한 나, 어쩌자고 이 험한 산길을 오를 생각을 했는지 마치 도깨비에 홀린 듯했다. 이제는 더 오를 수도 다시 내려갈 수도 없었다.
다른 사람들은 거침없이 잘도 오르내리는 이 길을 나는 늙어버린 육신에 부아가 치밀어 올랐다. 높게 비탈진 돌길이었기에 내 힘으로는 도저히 넘어갈 자신이 없었다. 옆으로 돌아서 체력의 한계를 느끼며 올라섰다. 역시 또 가파른 산길을 얼마쯤 가다가 나는 그만 나무뿌리에 걸려 철썩 주저앉고 말았다.

 푸른 하늘을 자유롭게 나는 산새들의 재잘대는 소리만 들렸다. 이때 마침 내 옆을 지나가던 50대 중반쯤 보이는 여인이 내게 말을 건네며 다가섰다. "와~ 할머니 많이 올라 오셨네요. 조심 하세요." 나는 그 여인이 마치 구세주와도 같았기에 사연을 말했다. 더 이상 올라 갈 수도 다시 내려갈 자신도 없다고 했다. "할머니 그럼 저를 따라오세요. 조금만 더 올라가면 돌 다방이 있으니 그곳에서 할아버지를 만나세요," 한다. 그의 말에 용기를 내어 드디어 힘들게 돌 다방에 올라섰다. 따끈한 차를 마시겠구나 하는 기대와는 달랐다. 돌 다방이라 하여 으레 커피를 파는 장소로 알았는데 그게 아닌 평지에 넓적한 돌과 벤치 세 개가 놓여 있는 공지였다. 그 여인과 벤치에 앉아서 내 손에 들고 있던 검은 비닐봉지 속에 땅콩과 오징어를 꺼내어 씹었다. 핸드폰을 해보지만 역시 꺼놓은 상태였다.

 불암산 정상에서 내려올 땐 모두들 이곳에서 쉬어간다고 한다. 행여 남편이 지나갈세라 내려오는 사람들을 한사람씩 살

피는데, 수월하지 않고 시야까지 희미해졌다. 그 여인은 내게 질문이 많았다. 할아버지도 연세가 많으시겠어요? 아니 내가 그렇게 늙어 보이나, 아직 많지 않다고 하며 서로 바라보며 웃었다. 몇이신데요? 궁금한 모양이다. "이제 겨우 80세 밖에 안됐어요." 내 말에 몸을 흔들어대며 웃음을 터트리는 그이에게서 순간적이나마 근심, 걱정 피로를 휙 날렸다고나 할까, 이때 드디어 남편의 전화가 왔다.

나 지금 돌 다방에 올라와 있으니 이곳에서 만나자고 했다. 아니 당신이 어떻게 거기까지 올라왔냐며 놀라워하는 남편, 그러나 남편은 다른 길로 내려가고 있었다. 모두 이 길로 내려오는데 왜 당신은 다른 길로 내려가냐며 투덜댔다. 그러나 어쩌랴 또 나 혼자서 험한 산길을 내려갈 수밖에 없었다. 나는 자리에서 벌떡 일어나 심호흡을 하고 두 주먹 불끈 쥐고 용기를 냈다. "그래! 죽기 아니면 까무라치기다." 자신 있게 몇 발짝 내려오다 보니 또 힘든 비탈길을 움츠리고 더듬거려야만 했다. 내 모습이 예사롭지 않게 보였던가 내 곁을 지나가던 어느 중년쯤 보이는 험악한 인상에 남자가 자기가 짚고 가던 단장을 내게 건네주며 "이 지팡이 짚고 내려가소. 내려갈 때가 더 지랄 같더라구요." 그의 말이 너무 거칠고 무서웠으나 감사하다고 거듭 인사를 했다. 겉보기와는 달리 따뜻한 분이었다.

  내 일생 동안 처음 짚어보는 지팡이, 그 나무 지팡이 덕을 단단히 본 셈이다. 한결 내려가기가 수월했다. 얼마 동안 내려가다 보니 저~ 만치에서 나를 향해 다시 올라오는 남편이 보인다. 어찌나 반갑던지 눈시울이 붉어졌던 순간, 나는 화를 버럭 냈다. 왜 다른 곳으로 내려갔냐고. "그 곳에 있는 약수가 그리 좋다하여 당신 먹일 욕심에 힘들게 한 병 받아왔다."고 하는 게 아닌가. 아래 약수터에서 받은 약수 병과 섞여질세라 표시까지 해놓으며 이 물은 절대 누구 주지 말고 당신만 마시라고 하는 남편, 아니 물이 좋으면 얼마나 더 좋다고, 그러나 하찮은 물 한 병에 짠한 감동을 받게 한 남편, 더 이상 투덜댈 수가 없었다.

  높은 산행에서 고생은 많았으나 그래도 사고 없이 돌아오게 되어 얼마나 다행인지!

2007년 2월 4일 (일)

용문사 은행나무

 햇볕은 구름에 가려졌으나 무더운 장마철, 우리 부부는 아들 차에 올랐다.
 "어디로 모실까요?" 점심식사도 했으니 가까운 거리로 드라이브나 할 생각이었는데 영감은 뜬금없이 용문사에 오르자 한다. "아니 이 시간에 웬 용문사를 가자고 해요?" 투덜대는 할멈. 항상 아버지 의견에 잘 따르는 아들, 용문사를 향해 달리고 있다. 내심 불만스러운 내 눈치를 살핀 듯 백미러 속으로 흘깃흘깃 할멈을 의식하며 한마디 하는 영감. "너의 엄마는 문학기행으로 안 가본 데 없이 많은 곳을 다녔지. 나는 시간에 얽매어 가본 데가 별로 없어."
 영감이 내뱉은 말에 양심이 찔린 듯, 한 순간에 가슴이 짠해졌다. 항상 바쁘다는 이유로 먼 거리 여행을 거절했던 영감. 이제 85세가 되고 보니 놓쳐버린 지난 세월이 몹시 아쉬운가 보다. 눈가에 이슬이 맺히는 할멈.
 2010년 대장암 초기에 성공적인 수술, 남다르게 건강했던 그의 체력, 역시 회복도 빠른 편이었다. 그러나 기력이 많이 쇠약해진 영감, 가여워 손을 꼭 잡고 비탈진 산길을 오르며 이봐요, 우리가 어느새 이렇게 늙어버렸지 하는 할멈.

 아들은 비실대는 부모님들 모습에 마음 아파하는 모습이 역력하다. 애써 힘을 불어넣어주려는 듯 애교 아닌 애교를 부린다. 아들의 코믹한 재치는 늙은 부모 얼굴에 함박꽃을 활짝 피우게 했다.

 산사 오르는 양쪽 길옆에 맑은 물줄기가 세차게 흘러내리고 짙은 산 내음은 코끝을 맴돌며 상큼한 맑은 공기에 답답했던 호흡이 가벼웠다. 드디어 용문사의 수호신 은행나무 앞에 다가선 우리. 우람한 은행나무(천연기념물 제30호)를 바라보는 순간 눈은 화등잔이 되고 입은 하마 입이 되어버린 우리 세 사람. 하늘을 찌를 듯 늘씬한 몸매에 감탄했다. 풋풋함에 장함을 느꼈지.

 문득 스쳐지는 경기도 안성시 일죽면 신흥리 재내동. 2년 전에 본 내 고향의 은행나무, 빈약해져버린 모습이 떠올라 안타까움을 느끼게 했다. 현재 고향의 은행나무 모습은 어떠할까? 아직도 그 자리를 지키고 있겠지. 60년 전 지나는 길손들의 쉼터였었는데….

 용문사 은행나무에 대해 짚어본다.

 수령 : 1100년-1500년이 되었고

 높이 : 42m의 줄기가 하늘을 찌르는 듯

뿌리부분 둘레 : 약15m로 동양에서 가장 큰 은행나무.

고종이 승하하셨을 때 큰 가지가 꺾어지는 등 나라에 변고가 있을 때마다 미리 알려주는 영험함이 있었다고 알려져 있다.

이 은행나무는 신라시대의 마지막 왕이었던 경순왕의 세자 마의태자(큰아들)가 망국의 한을 품고 금강산으로 가던 길에 심은 것이라는 설과 신라 고승 의상대사가 짚고 다니던 지팡이를 꽂아 놓은 것이 뿌리를 내려 이처럼 건강하게 성장한 것이라고도 알려져 있다. 거듭되는 병화와 전란 속에서도 불타지 않고 살아남은 나무였기에 '천왕목'이라고도 불렀다고 한다.

발길 옮겨 용문사 대웅전에 들려 부처님께 삼배 올리며 건강 기도를 드리고 나왔다. 우리는 경내를 한 바퀴 돌아 해거름에 서둘러 서울로 달렸다. 생각지도 못했던 용문사 은행나무(천왕목)를 만나볼 수 있게 된 것은 영감 덕이라 할까, 뜻깊은 나들이로 좋은 추억이 되리라.

2013년 7월 20일(토)

아버지

아들 최성주

  아버지 어디에 계신지요? 너무도 보고 싶고 궁금합니다. 아버지가 너무도 사무치게 그리워 편지를 띄웁니다. 하루에도 몇 번씩 아버지 생각을 합니다. 아버지 사무실 동대문에서 함께한 점심시간이 많이 생각납니다. 술 한 잔 하시면서 웃으시며 이런저런 말씀하시던 기억들, 제가 돈을 내려 해도 한사코 반대하시며 우쭐해 하시던 그 모습, 그리움을 떨쳐보려고 아버지가 제게 서운하게 한 것을 아무리 생각해도 없습니다.

  평생 가족은 물론 남에게도 큰소리 한 번 안 내시고 선하게 살아오신 우리 아버지 인자하게 웃으시던 그 모습이 지금도 눈에 선합니다. 아버지 이 세상에서 가장 존경합니다. 이 말을 아버지 생전에 드렸어야 하는데…. 이 세상에 안 계시는데 무슨 소용이 있을까요? 아들로서 최선을 다하지 않은 것 같아 이 불효자는 괴롭습니다. 초기에 억지로라도 병원에 모시고 갔으면 이렇게 후회스럽지 않을 텐데…. 얼굴에 상처를 치료해드리지 않은 것도 죄스럽습니다. 모두 같은 마음입니다.

퇴직한 후 빨리 자리잡아 아버지 마음을 편하게 해드렸어야 하는데 얼굴에 상처를 치료해 드렸어야 하는데…. 혹시 지금도 걱정하고 계신지요? 걱정하지 마세요 아버지, 저는 요즘 하루하루 일이 재미있고 자리잡아가고 있습니다. 아버지께서 자격증 따라고 조언해주신 덕분입니다. 오늘 아버지 생신, 에미하고 성현이 다 정성스럽게 음식을 준비했습니다. 맛있게 많이 드셔요. 아버지 다음에 또 찾아뵙겠습니다. 편히 잠드소서!

　　　2019년 2월 27일(음) 정월스무사흘 용인공원묘지에서

첫 번째 출간한 책 한 권

 딩동, 인터폰이 울려 받아보니 택배였다. 책 천 권이 현관에 들어섰다. 그저 아무 생각 없이 가슴 뿌듯했다. 포장된 박스 끈을 성급하게 가위로 뚝뚝 잘라 한 권의 책을 꺼내 들었다. 「빨간 구두의 신부」 책장을 넘겨 가족사진을 보는 순간 지금은 지하에 계신 어머니의 모습이 떠올랐다.

 나의 유년기의 고향에 어머니, 흰 무명 앞치마에 흰 무명 수건을 쓰시고 왕골 똬리 받혀 오지 물동이 머리에 얹고 똬리 끈 입에 문 내 어머니의 옛 모습이 주마등처럼 스친다. 책 한 권을 가슴에 품고
 "어머니, 둘째 딸 제가 수필집을 출간했습니다. 계절이 엄동설한인지라 땅이 꽁꽁 얼어 꽃이 피는 봄이 돌아오면 찾아뵙고, 항아리 속에 책 한권을 넣어 부모님께 안겨 드리겠습니다."
 마치 전화 대화를 하듯, 중얼댔다. 어머니 생전에 이런 기쁨을 안겨드렸더라면 참 좋았을 것을… 못내 아쉬워했다.

나는 자리에서 벌떡 일어나 책장 서랍을 열었다. 수백 개는 될 법한 속이 텅 빈 볼펜을 어루만지며 긴 한숨을 토해냈다. 오랜 세월 내 오른 손에 거쳐 온 너희들, 책 한 권을 탈고해냈으니 내게는 그 무엇보다도 값지고 소중한 나의 벗이었다. 너희들을 쓰레기통에 버리지 않을 것이다. 나의 노력의 흔적이니 만큼 소중히 간직하련다. 목 디스크로 인해 컴퓨터는 멀리할 수밖에 없었던 나는 그야말로 시대에 뒤떨어진 글쓰기를 했다. 그러나 오랜 세월 볼펜으로 쓴 글쓰기에 익숙해져있어 별로 불편함 없이 글을 써왔다.

며칠 후에 남편과 함께 강북에 있는 교보문고로 향했다. 과연 내 책이 교보문고에 나왔을까? 설레는 맘으로 지하철역으로 가고 있는데 핸드폰이 울려 받아보니 큰 딸 성희였다. "엄마, 너무 기뻐요. 강남 교보문고에 「빨간 구두의 신부」 책이 나왔어요." 함께 간 친구가 책 두 권을 샀다며 기뻐하는 딸의 목소리였다. 남편과 나는 가던 발길을 멈추었다. 그래 엄마 아빠도 지금 강북 교보문고와 영풍 문고로 가고 있는 중이야 했다. 옆에 있던 남편, 당신 참 고생 많았지 하며 기뻐하는 모습이 나의 기쁨을 더했다.

교보문고에 들어선 우리 안내원에게 부탁하여 인터넷을 열어보니 '빨간 구두의 신부 저자 정기숙'이라는 글귀에 우리 부부 황홀감에 흠뻑 젖은 이 기쁨, 나는 책 한 권을 샀다. 예쁘게 포장된 책을 마치 보물이 손에 쥐어진 양 기쁜 맘으로 교보문고를 나왔다. 첫 번째 출간이었기에 이 기쁨 흐트러지지 않기를…. 올 봄에 안성 노승산 지하에 계신 부모님 찾아뵐 날이 손꼽아 기다려진다.

                                      2006년 1월

에세이 2부

육아 일기

육아 일기

　손녀, 손자들의 육아 일기를 1995~2002년까지 썼다. 나날이 커가는 어린 것들의 모습이 너무 신기하여 다녀갈 때마다 일기장에 기록해 놓았다. 외손녀 김지민 9세까지 육아 일기 1권, 최영준 8세까지 육아 일기 6권, 최석준 5세까지 육아 일기 2권, 아이들의 일기 9권을 서재 책장에 보관해오다 2006년 4월에 각자 나누어 주었다.
　형 영준이와 동생 석준이는 세 살 터울의 형제이다. 잘 놀다가도 결국은 다툼으로 석준이는 항상 눈물을 흘려야만 했다. 아빠, 엄마는 약자 편이 될 수밖에. 그러나 동생 앞에서 형을 꾸짖는 일은 어긋난 교육이 아닌가! 동생 석준이는 형한테 지지 않으려는 오기가 대단한 아이였다. 울음만 터트리면 자기 편이 되어주니 석준이의 울음은 하나의 무기였다. 나는 어긋난 교육이 안타까워 아들에게 몇 마디 해보았지만 소용이 없었다. 어떠한 경우에도 끝까지 형을 이기려는 석준, 또한 형 체면에 동생에게 지지 않으려고 주먹질을 하는 영준, 때론 영준이의 울적한 표정에 나는 몹시 괴로워했다. 녀석들의 싸움을 막기 위해 그간에 여러모로 시도해 보았지만 모두가 헛일이 되고 말았다. 아들 며느리 역시 많은 스트레스를 받았었다.

그러던 중 할머니한테 일기 노트 받아간 지 일주일 만에 할머니 집에 들어선 녀석들, 탄생 후 처음 할아버지, 할머니에게 편지 한 장씩을 써왔다.

형, 영준이 편지

할아버지, 할머니가 잘 보살펴 주셔서 감사하다는 말로, 이제 보답해 드린다고 어깨도 주물러 드리고 일도 도와 드리며 동생과 사이좋게 잘 지내겠다는 편지였다.

동생, 석준이 편지

할머니 일기에 쓴 '됨'을 절대 잊어버리지 않겠다는 결심과 어릴 때 일이 궁금했었는데 할머니가 일기를 써놓으시니 궁금증이 확 풀렸다는 이야기였다.

'됨'이라고? 과연 무엇을 뜻하는 것일까?

"석준아, 됨이 무슨 말이냐?"/"됨은 할머니가 써놓은 일기에서 형은 동생을 사랑하고, 동생은 형의 말을 존중하라는 그 말이에요."

'됨'은 석준이 나름대로의 암호였던 것이었다. "그럼 이제부터 형한테 대들지 않고, 사이좋게 지내겠다는 말인가?" 석준은 큰소리로 '네'라고 대답했다. 이 순간 나는 실낱같은 기대를 가져본다. 다행히 오늘은 석준이가 눈물을 흘리지 않고 형과 다툼 없이 잘 놀다가 분당 자기 집으로 갔다. 이번에 처음 눈물을 흘리지 않고 돌아선 석준이 얼마나 다행인지. 그러나 더 두고 봐야 한다.

그러던 중 일주일이 지난 일요일에 아들 삼부자가 현관에 들어섰다. 녀석들의 대화가 뚜렷하게 달라졌다. 석준이는 형이 장난을 걸어도 그전처럼 짜증내며 대들지 않고 부드러운 대화였다. 영준이는 오랜만에 사랑스러운 눈빛으로 동생을 대하는 모습에 놀라웠다. 동생을 끌어안고 얼굴도 묻어가며 귀여워하는 형의 모습에 석준이는 귀찮아하면서도 방글방글, 벙글벙글, 녀석들의 웃음꽃은 마냥 즐거웠다. 못 본 체하면서 관찰을 하는 할미, 아니 이런 모습으로 변하다니! 이런 따뜻한 대화가 계속된다면 얼마나 좋을까?

앞서 석준이한테 받은 편지를 저녁 식사하면서 가족들 앞에서 또 한 번 낭독을 하며 많은 칭찬을 해 주었다. 동생 석준이가 형한테 대들지 않으니 형 영준이는 자연히 동생을 사랑하게 되는 것을 깨달았다. 오늘도 역시 석준이는 눈물을 흘리지 않고 형과 사이좋게 잘 놀다 땅거미가 질 무렵에 자기 집으로 향했다. 우리 부부는 아들 내외와 손자들 배웅을 하고 돌아섰다. "아이들이 정말 달라졌네, 이게 다 당신 덕이요."하며 흐

못해하는 남편. 세 살 버릇 여든까지 간다는 말이 있지 않은가? 그러기에 손자들 일기에 "형은 동생을 사랑하고, 동생은 형의 말을 존중하라."는 글을 올렸던 것이다. 다행히 석준이가 그 글을 읽고 절대 잊어버리지 않겠다고 하니 내 어찌 기쁘지 않으리. 일주일이 지나면 또 녀석들을 관찰하게 되겠지. 이대로만 계속 된다면 녀석들도 스트레스 받지 않을 것이고 아들 며느리도 스트레스 받지 않으니 얼마나 좋으랴….

과연 할머니가 써놓은 일기를 보고 12세, 9세 아이들에게 변화가 올 수 있을까? 왠지 기대가 되는 것은 오랜만에 영준이가 동생을 귀여워하는 모습과 석준이의 '됨'이라는 결심에서일까? 나는 기대하련다. 우애 좋은 형제가 될 것이라고. 얼마 후에 며느리에게 전화가 왔다.
"에미야, 아이들 사이가 어떠냐?"/ "사이좋게 잘 지내고 있어요. 어머니, 100% 달라졌어요." 하는 며느리 말에 나는 마음속으로 환호성을 울렸다. 그리하여 일기장 가져간 지 3개월 동안 지켜본 결과 확연히 달라진 모습에 녀석들에게 선물을 하게 되었다.
할아버지 할머니에게 이토록 기쁨을 줄 줄이야…. 가족들 모두 있는 자리에서 월드컵 축구공 선물을 받은 녀석들은 신나게 공원으로 뛰어나가 푸른 초원에서 땀을 뻘뻘 흘리며 축구하는 모습이 제법 성숙해 보였다. 앞으로 더욱 우애 좋은 형제가 되어 달라고 마음속으로 빌었다. 육아 일기의 글이 이토록 효과적일 줄이야…. 오랜 세월동안 일기 써 온 보람을 이제야 느끼게 한 녀석들, 부디 할아버지 할머니 기대에 어긋나지 않는 손자가 되어다오.

2006년 7월

사탕의 유혹

나는 글을 쓸 때면 무력감에 빠져들기가 일쑤였다. 영감이 떠오르지 않아 가슴이 답답할 때면 손에 든 연필을 휙 팽개쳐 버리는 못된 습관이 있다. 입안이 메말라 사탕을 우둑우둑 씹어야만 스트레스가 확 풀린다. 그러기에 우리 집 부엌에는 예쁜 도자기 속에 온갖 사탕이 항상 가득 채워져 있었다. 문학세미나 갈 때나 간단한 외출할 때 우선 챙겨야 했던 사탕, 내 핸드백 속엔 항상 사탕이 가득했다. 가족들과 주위 사람들이 당뇨 걸린다고 그리 말렸건만 그야말로 사탕중독이라 해도 과언이 아니었다.

그러던 어느 날, 안소봉 은사님과 이완길 은사님 두 분을 모시고 저녁식사를 했다. 꿀맛처럼 한 그릇 뚝딱하고 일어서는 나의 몸매를 살피시던 이완길 은사님의 말씀이었다. "자네, 배가 너무 많이 나왔네!" 걱정스런 눈빛으로 바라보는 선생님, 아니 내 배를 처음 봤나, 왜 저런 말씀을 하실까. 그러나 은사님 말씀에 자극을 받았던가 집으로 돌아와 현관에 있는 거울 앞에 다가섰다. 웬일인지 오늘따라 유난히 볼록해 보이는 배. 아휴~ 이러니까…. 고개 돌려 뒷모습을 또 보니 엉덩판은 그야말로 떡판, 이제야 이완길 은사님의 말씀이 이해가 되었다. 어떡하나? 샤워를 하고 힘없이 자리에 누웠다.

 순간 나는 결심을 했다. 그날 저녁부터 오랜 세월 즐겨 먹던 사탕과 인연을 끊기로. 자리에서 벌떡 일어나 도자기 속에 사탕을 모두 꺼내어 버렸고 냉장고 안의 음료수 병도 꺼내 버렸다. 그 후 심지어 껌을 씹을 때도 단물을 뱉었다. 꿀맛 같던 식성도 소식으로, 3개월이 지난 후 나의 몸무게는 3kg이 줄었다. 34인치 허리가 32인치로 바지 사이즈를 모두 줄여 입게 되었으니 이 기쁨, 짱! 손꼽아 보니 어느새 2년이란 세월이 흘렀다.

 우리는 만나는 순간부터 지난 세월을 꽃 피우기에 시간 가는 줄 모른다. 은사님을 만날 때면 나는 그만 꿈 많은 소녀가 되어 버린다. 노래방에 들러 맘껏 음악에 취해 버리는 사제지간, 음악성이 뛰어난 안소봉 은사님의 노래 감상하는 재미와 DJ 역할을 맡은 이완길 은사님! 시기 질투가 없는 사제지간이기에 누구에게도 말 못할 사연들을 은사님 앞에서는 모두 밝히게 되니 든든한 나의 버팀목이다 싶다.

 고령인답지 않게 정신력이 강하신 선생님들, 이완길 은사님은 아직도 학생들과의 인연을 연속되는 삶으로 살아가시고,

안소봉 은사님 역시 당신의 보물들 건강 챙기느라 아직도 가사 일에 여념이신 모습, 노후이건만 흐트러짐 없이 살아가는 그분들의 모습 존경스럽다. 오랜 세월 동안의 사탕 중독을 이완길 은사님 말씀 한마디에 고치게 되어 나 자신도 놀라웠다. 존경하는 은사님들의 말씀은 위대하다.

                    2006년 5월 중순 깊은 밤에

인터뷰

 첫 번째 출간한 「빨간 구두의 신부」 어설픈 글로 한권의 책을 잉태하게 된 것은 제게, 큰 행운이었습니다. 어느 날 변변찮은 글을 읽어본 모 신문사 H기자의 전화를 받았습니다. 제목이 너무 이색적이라 신데렐라나 되나 싶어 책장을 넘겨 읽게 되었다고 합니다. 소박한 글이 어찌나 재미있던지 밤을 새워 다 읽었다고 하며 인터뷰를 요구하는 것이었습니다. 신문기자와의 인터뷰란 낯설기도 했지만 큰 기쁨이기도 했습니다.
 다음 날 들뜬 마음으로 이른 아침부터, 늙어버린 얼굴에 맛사지를 하며 정성들여 화장을 하고. 어떤 옷이 잘 어울릴까? 거울 앞에 서며 이옷저옷을 모두 꺼내 입어보니 장안에 옷이 방바닥에 널브러져있어 나의 별난 성격을 나무라게 되었지요. 아니, 내가 지금 선이라도 보러 나가나 유난스럽게 왜 이래, 쓴 웃음을 지었습니다. 결국 아들 며느리가 사준 검정 벨벳 투피스 차림으로 약속 장소에 나갔습니다. 의젓한 중년신사 기자 앞에서 실수라도 하면 어쩌나싶어 얼마나 조심스럽던지요. 인터뷰는 1시간 30분 동안 했습니다. 과연 어떠한 내용이 신문에 실려질까? 한편 두렵기도 하고, 초조하게 기다렸습니다.

드디어 인터뷰한 지 11일 만에 동북신문에 「빨간 구두의 신부」가 큼지막하게 올려져있었습니다. 한편 부끄럽기도 했지요. 그 시대의 가난했던 일들이 너무 초라했기에… 남편은 큰 자랑거리나 되는지 액자에 끼워 서재에 걸어놓으며 흐뭇해했지요. 서재에 들어설 때면 우선 액자에 눈길이 가는 우리 부부만의 기쁨이었습니다. 이 기쁨이 가시기도 전, 얼마 후에 또 기쁜 전화를 받았습니다. 중앙일보 전 L기자라고 하며 「빨간 구두의 신부」 잘 읽어 봤다며 '달빛 속의 어머니 얼굴' 그 작품을 「착한 이웃」이라는 책에 싣겠다고 허락해 달라는 전화를 받았습니다. 이런 일이 내게 일어났다는 사실이 꿈만 같았습니다. 그리고 서점에 나가 책꽂이에 꽂혀있는 내 책이 눈에 뜨일 때의 그 기쁨이 얼마나 컸던지 내겐 모두가 과분한 일이었습니다.

그러나 이 기쁨이 계속되면 좋으련만, 처음 책을 출간한 지 반년이란 세월이 지나자 왠지 매사에 시들해지며 꼭 이렇게 신경을 쓰며 살아가야하나? 하는 생각이 들었습니다. 일상 반복되는 생활에 회의를 느끼며 지쳐가기 시작했습니다. 그간 남편 의견에 고분고분했던 내가 짜증으로 투덜대다보니 우리 부부의 대화는 별일 아닌 일에 삐걱댈 수밖에 없었습니다. 그간 남편 배려에 고마워했던 부분이 모두가 잔소리로 들리고 모든 일에 재미나는 일이 없었습니다. 우울증인가 싶어 우리 부부는 충남에 있는 온양온천을 다녀오기도 했었지요. 즐거웠던 내 맘을 되찾고 싶어 많은 노력을 여러모로 해봤지만 억지로 되는 일이 아니었습니다.

그러던 중 어느 날 며느리의 권유로 이화여대 평생교육원에 수강을 하게 되었습니다. 신기하게도 그간에 잃어버렸던 즐거움과 기쁨을 그곳에서 되찾게 되었습니다. 생활수필 김상태 교수님의 흥미로운 지도에 활력을 받았고 그것이 동기부여가 되었음이 분명했습니다. '이제는 멈추지 말고 달리자고.' 방황했던 날들을 손꼽아보니 꼬박 3개월이었습니다. 그 기간이 얼마나 길었던지… 가정이란 주부가 행복해야 모두가 행복할 수 있다는 것을 뜨겁게 느꼈습니다. 삶의 흥미를 잃는 일은 무서운 병이라고 표현하고 싶습니다. 이제는 내 주어진 일에 게을리 하지 않고 나를 다독이며, 사는 그날까지 최선을 다하는 삶을 살아갈 것입니다. 생각해보면 우울증 시초에 며느리의 권유가 치료가 된 셈이지요. 나는 이제 더욱 많은 책을 읽어야 되고, 어렵게 들어선 이 길, 많은 노력이 필요하다는 것을… 문단 생활 게을리 하지 않을 것을 자신과 다짐해 봅니다.

  맹자가 공자에게 질문

"이 세상에 살아가면서 무엇이 제일 기쁜 일이냐?"고,

 공자 왈 "배우고 익혀 행하는 일이 제일 기쁜 일"이라고.

  그랬듯이 나 또한 뒤늦게 뛰어든 이 길을 천직으로 생각하렵니다. 하면 된다는 신념으로…. 삶이 소중한 것은 배움이 있고, 미래가 있다는 것. 사는 그날까지 노력하며 배우고 익혀 글로 표출하는 삶을 살아갈 것입니다.

2006년 11월

손미나 아나운서에게

먼 타국에서 실려 온 미나의 이메일을 읽으며 어찌나 반갑던지 울보가 되어버린, 아니 신생아가 되어버린 이모. 읽고 또 읽고, 똑똑이 우리 미나 그저 대견해서 미나는 타국 생활도 역시 잘 해나갈 것으로 이모는 믿고 있다. 미나야! 무엇보다도 건강에 신경 써야 한다. 끼니 거르지 말고 꼭 챙겨 먹도록 하여라. 이곳 이모는 그간 투병 생활을 하면서 많은 것을 깨달았지. 건강 잃으면 모든 것을 잃는다는 사실을…. 어느새 투병 생활한 지 8개월이 되었네. 잘 회복이 되겠지 라고 위안을 가지며 지내고 있단다. 너의 좋은 말, 잘 지켜 나갈게, 알았지?

이모는 문학 창작 생활을 내 나름대로 활기차게 즐기다가 뜻밖의 은둔 생활로 때론 허무감에 젖어들기도 하지만 그럴 땐 가라앉은 목청 돋워 몇 곡의 노래로 위안을 갖기도 했었지. 항암, 방사선치료 받으며 참기 힘든 고비 많았지만 그래도 도서관에 나가 책을 읽으며 힘든 고비를 넘기기도 했단다. 사랑하는 내 조카, 손미나 앵커가 타국으로 떠난 후 TV보는 홍

미마저 잃었다고나 할까! 미나가 병원에 다녀가던 2008년 6월 위암 수술한 이모, 우리는 많이 울었지. 지금도 그 날을 생각하니 목이 메이는구나. 그날 이모가 본 우리 미나의 모습이 너무 예쁘고 세련되어 이모 가슴에 소중히 간직하고 있단다. 너의 세련된 모습을···.

　이모에게 기쁨을 한 아름씩 안겨주는 너의 남매 손미나 아나운서, 손기훈 박사, 아빠 손홍렬 박사. 집안의 보물들이여! 언제쯤 너희들을 만나보게 될까? 보고 싶구나. 기축년 새해에는 미나가 하고자 하는 일에 뜻을 이루어 주기 바란다. 정월 명절이 얼마 남지 않았구나. 타국에서 엄마, 아빠 그리움이 크겠지.

　기쁜 마음으로 명절을 맞이하기 바란다. 주옥같은 미나의 글, 언제 또 출간하는지 기대하며 언젠가 우리 만나는 그날 건강한 모습으로 만날 것을 약속하며 이만 줄이겠다. 안녕!

2009년 1월 이모 설무 정기숙

전주 문학 강좌(국제 펜클럽)

 국제 펜클럽 한국 본부 회원으로 전주 문학 강좌 및 시 낭송회에 참석하게 되었다.
 전주 관광호텔 302호에 짐을 풀고 옷매무새 다독이며 3층 시상식장으로 들어섰다. 장충열 시인의 고도 장단이 뚜렷한 시낭송에 모두들 감탄해 했다. 같은 취미 선후배들의 만남인지라 분위기가 어색함 없이 즐거웠다. 어느 시인의 화려한 드레스 연출의 시 낭송에 눈길이 끌렸다. 조촐한 분위기 속에서 시상식을 마치고 사진 촬영이 끝난 후 저녁 식사를 하고 밖에 나와 보니 어느새 어둠이 내린 밤거리였다.

 우리는 교수님들과 함께 노래방에 들러 음악으로 피로를 풀고 숙소에 들어섰다. 최현희 선생과 나는 깔끔한 더블 침대에 몸을 던진 채 오손도손 이야기꽃을 피우다 깊은 잠에 빠졌다. 한숨 자고 나니 실눈이 껌벅인다. 내 옆에 잠든 최선생 모습을 훔쳐보니 나와 똑같은 스타일로 잠을 자고 있었다. 두 다리 쭉 뻗고 두 팔 머리 위로 쭉 뻗어 손가락 깍지 낀 채로.

그 모습에 나는 빙긋이 웃었다. 그의 손을 살며시 잡으며 귀에 대고 소곤댔다. 언니 잠자는 스타일이 나와 똑 같다고. 잠에 취한 그는 귀찮다는 듯 지금 몇 시야? 30분만 더 자자 한다. 살며시 일어나 시간을 보니 새벽 2시 10분. 나는 큰 잘못을 저지른 양 조용히 숨을 죽이고 잠을 청해보지만 밤도깨비처럼 항상 이 시간에 일어나는 나의 습관 때문에 도리가 없었다. 계속 눈망울은 껌벅일 뿐.

아침 6시에 일어나 꽃단장하는 최선생, 나도 질세라 거울 앞에 다가앉아 토닥토닥, 주름진 얼굴에 무슨 꽃단장이냐고 하겠지만 몸은 늙어도 마음은 청춘인 것을. 울긋불긋 화사한 의상 연출에 그는, 머리카락에도 반짝이는 꽃핀, 어디 그뿐인가, 아니 웬 에너지는 그리 넘치는지 나의 발걸음이 느리다고 재촉하며 꾸지람을 한다. 누가 그를 74세 노파라 하겠는가. 꾀보인 나는 한편 그가 얄밉기도 했지만 그의 건강이 부럽기도 했다.

아침 식사는 콩나물국밥으로 한 그릇을 비웠다. 김동규 교수님의 자상한 안내로 '혼 불'의 작가 최명희 문학관에 들어섰다. 최명희 그는 결혼도 하지 않고 살아가다 51세 나이로 타계했다. 그녀의 지난 발자취가 고스란히 담긴 문학관을 돌아보며 장함도 느꼈지만 가여움도 느꼈다. 병마의 고통과 외로움을 어찌 극복했을까! 가여운 생각에 짠한 마음으로 돌아섰다.

따가운 햇볕이 쏟아지는 거리 전주 덕진공원에 들어섰다. 와~ 싱그러운 푸른 연밭이 넓기도 했다. 푸른 연잎 뚝 따아 머리에 얹고 싶은 충동이 일렁였다. 어찌나 덥던지. 연꽃이 다 저버려 못내 아쉬웠다. 푸른 연잎 위에 아기 청개구리의 수정 눈망울이 귀여웠다. 넓은 연못을 한 바퀴 돌아 나오니 꾸룩꾸룩 시장기가 들었다.

고궁 음식점으로 안내를 받아 들어섰다. 깔끔하게 정돈된 홀 '국제펜클럽 회원 환영' 플래카드가 벽에 걸려있었다. 모 국회의원께서 최고의 음식으로 회원들에게 대접하라는 지시에 따라 마련한 자리였다. 회원 모두가 기분 좋은 눈빛이었다. 우아한 놋그릇에 담긴 푸른 야채 위에 노란 계란 한 알 빨간 고추장에 썩썩 비벼진 전주비빔밥, 걸쭉하고 달큰한 막걸리 맛도 독특했다. 전주에서 1박 2일 원로 문인들과 함께 한 시간들 정말 뜻깊은 시간이었다.

모두들 아름다운 추억거리를 한아름씩 가슴에 안고 돌아서는 국제펜클럽 회원님들….

2007년 9월 20일

문학 기행 (한국여성문학인회 페스티벌-
강원도 인제군 한국시집박물관)

　2012년 한분순 선생님께서 한국여성 문학인회의 제24대 이사장으로 당선되던 해 회원으로 가입했다. 유명한 원로 작가 선후배들과 함께하는 일들이 내겐 큰 기쁨이었다. 제25대 최금녀 이사장님께서 발간하신「한국여성문학인회 50년사」책을 읽어보니 어느 선생님께서는 뼈대 있는 가문에 들어선 기분이라고 했듯이 나 역시 큰 대문 안에 들어선 기분이었다. 엄숙하면서도 선후배 관계가 돈독한, 꽃향기 폴폴 날리는 한국여성문학인회 회원들.

　서둘러 차에 올라서 보니 모두가 반가운 얼굴들. 정겨운 미소로 인사를 나누며 강원도 인제군 한국시집박물관을 향해 신나게 달리고 있다. 창밖은 온통 푸르름이 짙어진 유월, 곳곳마다 싱그러운 푸른 초목들, 차멀미 예방으로 수삼 한 뿌리와 미역귀를 입안에 오물오물 그 효력이었던가, 차멀미 없이 목적지에 잘 도착하여 가벼운 발걸음으로 한국시집박물관에 들어섰다.

　깔끔히 정돈된 홀 벽면에 부착되어 있는 육필 시화전 내 시선을 끌게 된 '봄을 담은 밥상' 내 육필 시 액자 앞에 다가섰다. 어찌나 반갑고 대견하던지 계속 액자를 어루만지며 사진 촬영도 하고 어디 그뿐인가 내가 출간한 시집「금혼의 언덕에서」책 한 권이 깔끔한 진열장 안에서 나를 반긴다. 뿌듯한 가슴으로 바라보았다. 모두들 행복한 미소로 자기 작품 앞에서 사진 촬영을 하며 행복해하는 문우들의 모습, 90세의 김남조 선생님 아직도 고운 자태로 휠체어에 앉아 전시되어있는 작품들을 모두 살피시는 열정, 김후란 선생님과 허영자 선생님 역시 조용히 감상하시는 지적인 모습과 후배들과 끊임없이 사진 촬영을 하시는 모습을 보았다. 도대체 그분들의 건강 비결은 무엇일까? 빈약한 나는 부러울 밖에.

　기쁜 맘으로 한국시집박물관을 삥 돌아 나와 우리는 각자 정해진 숙소(나는 417호실)에 짐을 풀었다. 저녁 식사 후 주름진 얼굴에 꽃단장을 하고, 옷을 갈아 입고, 시낭송과 장기 자랑이 펼쳐지고 있는 식장 안에 들어선 우리. 현주용 성악가 키타 반주의 음악을 감상하며 다양한 프로에 즐거운 분위기 속에 요란한 박수 소리 흥미로운 시간이었다. 밤이 깊어지자 숙소에 올라가 최현희 시인과 여명옥 시인 정기숙 시인 함께 한 잠자리에 누워 도란도란 이야기꽃을 피우며, 아니 우리가 언제까지 이렇게 행복한 시간을 즐기며 살아갈 수 있을까 하는 상념에 잠겨 깊은 잠에 들었다.

 창살이 밝아 새벽 눈을 비비며 우리는 서둘러 각자 단정한 복장으로 맑은 공기 만끽하며 상쾌한 기분으로 초목이 무성한 산책을 한 후 조반 식사를 했다. 오전 9시에 차에 올라 그 유명한 자작나무 숲으로 달렸다. 걸어서 1시간 30분 비탈진 거리라 포기했었는데 다행히 박물관 측에서 노장들을 위한 배려 차원에서 승용차를 준비해 주었다. 20분 거리라고 했으나 길을 잘못 들어선 지라 꼬불꼬불 덜컹덜컹 비탈진 산길 가슴을 졸이며 1시간 넘게 걸렸다. 행사장에 도착해 보니 이미 도시락 점심이 펼쳐져 있었다. 어찌나 힘들었던지 입안이 깔깔하여 밥맛도 잃었다. 그러나 민영태 교수님의 코믹함과 노래를 감상하며 화기애애한 분위기였다.

 자작나무 숲에 들어선 일행, 이게 웬일인가 순백의 세상이 망망대해처럼 펼쳐져 있는 드넓은 산자락에 자작나무 숲 환호의 탄성이 쏟아진다. 희다 못해 은빛 몸체에 파란 잎 곧은 자세로 하늘을 찌르듯 빼곡히 들어선 자작나무 멋진 자태를 뽐내며 우리를 반기고 있다. 우리 한국인들의 자부심이라 할까, 자작나무는 특히 추위에 강해 우리나라에서는 강원도 산간 지역에 많이 분포해 있다고 한다. 자작나무 속살은 검은 색깔. 도시에서는 볼 수 없는 귀한 자작나무 숲에서 시낭송과 노래 장기자랑이 펼쳐진 행복한 분위기 속에서 한 곡 부르고 싶었지만 감기 끝인지라 발성이 제대로 되지 않아 거절했다.

  못내 아쉬움을 뒤로한 채 우아하고 아름다운 자작나무 숲을 모두 가슴에 품은 채 서울로 향해 달렸다. 이번 문학기행은 뜻깊고 보람된 문학 기행이다 싶다. 그리고 집행부 임원들의 환타색 남방 유니폼은 보기도 좋았고 멀리서도 눈에 확 띄어 일행 찾기에 큰 도움이 되었다.
  최금녀 이사장님을 비롯해 집행부 임원들의 성실한 배려와 많은 수고에 박수를 보냅니다. 감사합니다.

2016년 6월 18일(토)~6월 19일(일) 1박 2일

국제 PEN대회(제78회) 경주에서

　새벽 5시 40분. 어둠이 걷혀지지 않아 남편 배웅으로 지하철에 올라 서울역으로 향했다. 오전 7시 10분 많은 문우들과 함께 KTX에 몸을 싣고 오전 9시 30분에 유서 깊은 경주에 도착했다. 운치 있고 고풍스러운 조선 기와집들, 수십 명의 봉사자들과 십여 대의 버스, 그 많은 인파 속에서도 질서정연하게 맞이해 주는 밝은 미소의 봉사원들 노고에 감사했다.

　환영 PEN 깃발이 힘차게 휘날리는 모습에 가벼워진 발걸음. 경주 시내는 거리마다 축제의 물결이었다. 30분 거리에 있는 현대호텔 식장 안에 들어서니 환영의 플래카트가 우리를 반기는 듯했다. 회의장에 들어선 수백 명의 세계의 문학인들. 화기애애한 분위기 속에 아리랑 선율이 흐르자 나는 그만 콧등이 시큰했다.
　순서에 따라 명찰을 달고 조용히 입장하는 문학인들의 자세. 114개국 외국인 작가 300여명이 참석. 전날 도착한 외국 유명 작가들이 자리를 하고 있었다. 눈에 확 띈 나이지리아의 백발 곱슬머리 월레소잉카와 프랑스의 르클레지오 두 작가는 노벨 문학상을 수상한 작가다. 월레소잉카는 1986년 흑인으로서 노벨문학상 수상, 현재 나이지리아의 오바페어 이월고 대학의 명예교수이다. 월레소잉카의 강연 주제는 '마법의 등불'이었다.

프랑스 작가 르클레지오는 2008년 노벨문학상 수상, 강연 주제는 '커뮤니케이션은 자연스러워야한다.'이었다.
그는 1990년 4월 프랑스에서 출생했다. 아버지는 영국인, 어머니는 프랑스인 그 사이에서 태어났다. 르클레지오 작가는 개성시대에 대항하는 비판적이고 낭만주의 글을 많이 써 온 작가로 알려졌다.

노벨문학상 수상자들과 함께 그 속에 끼어있는 정기숙. 내겐 큰 영광이요 큰 기쁨이었다. 차인태 아나운서의 사회로 진행된 세계 문학 올림픽 국제 PEN대회였다. 차 아나운서의 건강한 모습에 반갑기도 했지만 한편 손교수 생각에 문득 눈시울이 뜨거워졌다. 그 분과 같은 병 중세였었는데 왜 이기지 못하고 떠났을까 아쉬움이 밀려왔다.

불어, 스페인어, 영어, 한국어 4개 국어로 동시통역되어 참가자 누구에게도 불편함 없는 준비가 잘 되어 있었다. 문학평론가 이어령 교수님의 강연이 인상적이었다. 강연 주제는 '가장 오래된 미래의 길'. 이 교수님의 강연은 항상 들어도 지루하지 않다. 흥미진진하고 열렬한 그분의 강연에 박수소리가 요란했다. 오늘의 강연은 더욱 뜨거웠다. 개인과 공동체의 상반되는 강의였고, 힘찬 박수 소리와 팡파레가 울려 더욱 식장 안이 요란했다. 개회식에는 국제 PEN 회장 존론스톤 소을의 환영사와 한국본부 국제 PEN 이길원 이사장, 문화체육관광부 최광식 장관, 경북도지사 김광용, 경주시장 최양식 등의 축사가 있었다.

  9월 9일부터 15일까지 행사였는데 사정의 의해 나는 당일로 돌아오게 되어 김남조 선생님과 이문열 선생님 두 분의 축사를 못 보고 와 못내 아쉬운 맘으로 오후 5시 11분에 기차에 올라 서울로 향했다.

  이번 국제 PEN대회는 한국인의 자부심을 듬뿍 느끼게 했다.

2012년 9월 10일 (월)

캐나다 서부 여행

1997년 5월 19일.

구칠회 회장 김구자씨 주선으로 캐나다 서부로 여행을 떠났다. 오후 4시 50분에 우리 일행 십여 명은 비행기에 올랐다. 잠시 눈을 붙였다고 생각했는데 눈을 떠보니 어느새 하얗게 날이 밝아 밴쿠버에 도착했다.

밴쿠버의 인구는 180만 명이라고 한다. 아침을 먹고 엘리자베스 공원으로 향했다. 무엇보다도 공기가 맑아 호흡이 가볍고 좋았는데 집들이 드문드문 있고 지붕은 기와가 아닌 슬레이트 지붕이었다. 외딴집들은 몹시 외롭고 쓸쓸해 보였다. 어느새 어둠이 내려 우리는 벤쿠버 쉐라톤 호텔에 들었다. 나는 김순임씨와 한방을 쓰게 되어 오순도순 많은 이야기꽃을 피우다 잠이 들었다.

다음날 아침부터 비가 내렸다. 그러나 버스 안의 일행은 즐겁게 노래부르며 흥겨워했다. 높은 골짜기에서 흰 거품을 물고 소리치며 굴러 내리는 폭포수의 신비로움에 감탄했다. 많은 사람들의 눈길을 끌었다. 한참 동안 버스를 타고 C마을 런치 호텔에 도착했다. 백설이 시가지를 온통 뒤덮고 거리에는 보행하는 사람조차 볼 수 없었다. 날씨는 옷깃을 여미게 했고 이곳 역시 인가가 드문 탓에 쓸쓸하기 그지없었다. 로키산맥 왼쪽으로 무수바다가 보인다. 캐나다에는 80만 개의 호수가 있다. 눈발이 휘날리는 거리, 하늘을 치솟는 나뭇가지에 하얀 눈꽃이 소담스럽게 몽글몽글 피어 있었다. 이곳을 옥동네라고 했다.

국립공원을 달리고 있는 셔틀버스 안에서 세련된 여인 유신모의 재치 있는 율동에 나는 그만 반해버렸다. 그 순간 이게 웬일인가, 로키의 동물 엘크 사슴, 머리가 무겁도록 크고 작은 뿔이 대여섯 개가 달린 누런 빛깔의 사슴 두 마리가 산에서 내려와 우리가 달리고 있는 버스 앞 행길을 건너뛰고 있었다. 그 모습에 모두들 신기하다는 듯 와아 탄성을 지르며 좋아했다. 무엇보다도 사슴뿔에 대한 호기심 때문일 것이다. 사슴은 언젠가 뿔이 빠지면 바로 죽는다고 한다.

우리는 셔틀버스에서 내려 대형타이어로 장착한 스노코치로 갈아타고 빙하까지 올라갔다. 나는 운전기사에게 살짝 물어봤다. 대형타이어 한 개 값이 얼마냐고. 200만원이라고 하여 깜짝 놀랐다. 너무 비싸다는 생각에. 몇 천 년 전에 내렸던 눈이 쌓이고 또 쌓여 그것이 눌려 얼음이 되었다고 한다. 얼음 두께가 내 키만 했기에 놀라울 수밖에. 켜켜이 싸인 푸른색과 흰색의 얼음, 푸른색은 오래된 얼음이었다. 가이드 말에 의하면 3년 전에 어느 중국인이 이곳에서 얼음에 끼어 죽었다고 한다. 아직도 그 시체를 찾지 못하고 있다는 말에 모두들 몸서리를 쳤다. 우리 일행은 발이 무릎 밑까지 푹푹 빠지는 눈밭에 앉아 각자 나름대로 멋진 포즈를 취하며 사진 촬영을 즐거워했다. 국립공원 설경은 한 폭의 그림이었다.

저녁에 토론토에 계신 맏동서와 통화를 했다. 반가움에 울컥, 조카들도 만나보고 싶었으나 내가 있는 숙소에서 형님 댁과의 거리가 너무 먼 탓에 찾아뵐 수가 없었다. 호텔에서 일행은 수영복을 갈아입고 사진을 찍으며 즐거워했다. 내가 어지간히 피곤하게 보였는지 권화순 씨와 명순 씨가 안마를 해주었다. 피곤함이 풀려서 많이 고마웠다. 끼니마다 입에 맞지 않는 식사, 빵으로는 도저히 해결이 되지 않는 나의 체질이 야속하기만 했다. 모두들 억세게 잘도 먹건만 나는 왜? 해외여행 때마다 고통스러운 식사. 또 하필이면 이럴 때 감기란 놈이 눈치코치 없이 끼어들어 나를 지치게 하는지!

밴프 설퍼산 기슭에서 유황온천이 솟고 있었다. 정상까지 연결되는 곤돌라 승강장 앞에는 온천 풀장이 있었다. 1886년

온천 요양소로 시작되었다고 하는데 눈 덮인 로키산맥을 바라보며 우리 일행은 온천욕을 했다. 권화순 씨의 백옥 같은 피부에 수영복 차림이 어찌나 삼박하고 아름답던지 나는 그만 질투가 날 지경이었다. 곤돌라 타고 높은 산을 오르며 쭉쭉 뻗은 나뭇가지에 눈꽃이 덮인 멋진 설경을 보며 감탄을 했다.

벤쿠버 섬 부근에는 노인들이 많이 살고 있었다. 인디언들이 많이 살고 있는 이곳은 백인의 도움을 받으며 살아가고 있다고 한다. 인디언 토지라는 이유에서였다. 부차드 가든에 이름 모를 꽃들의 모습이 어쩌면 저토록 아름다울까! 벤쿠버 실버 타워는 캐나다에서 노인들 살기가 제일 좋은 동네라고 한다. 커피숍에서 나와 밖에서 커피 잔을 나누며 환한 웃음 짓는 그들의 모습을 보면 활력을 마신 듯, 피곤에 지쳐있던 나의 육신은 생동감이 돌았다. 눈망울까지 땡글땡글! 흰 피부와 흰 머리에 빨간 빛, 푸른빛의 화려한 귀걸이 목걸이의 연출에 눈부시도록 우아한 노파들, 세월의 무게만큼 얼굴 곳곳에 주름은 져있지만 밝은 미소의 노파들이 멋져 보였다. 그 분위기 속에 살짝 끼어들어 사진 한 컷 찰칵했다. 헤아려보니 노인, 노파 40여명들의 한결같이 슬기로운 눈빛과 호탕한 웃음, 우리 한국인들과는 전혀 다른 모습들이었다. 처음 보는 사람과 눈이 마주칠 때도 역시 해맑은 미소로 윙크 살짝! 그들의 아름다운 밝은 표정을 모두 훔쳐 내 마음 깊은 곳에 담았다. 이 지역은 한국의 제주도의 스물일곱 배 정도로 큰 지역이었다. 이곳에 와 보니 캐나다가 살기 좋은 나라라는 말이 실감났다.

써리(Surrey) 동네에 있는 쉐라톤 호텔에서 서둘러 나왔다. 그간에 함께했던 가이드와 며칠 동안 동행했기에 막상 오늘 헤어질 생각을 하니 섭섭했다. 미남형에 코믹한 그의 언변에 분위기가 한결 즐거웠었다. 오늘 아침 숙소에서 식당으로 가는 중 왠지 늙어버린 자신이 서러워 마음속으로 울었다. 내 나이 62세, 김순임 씨 68세, 그도 역시 눈이 붉게 보였다. 그의 모습을 본 나는 마음이 울컥, 그의 눈에 띌세라 고개를 돌렸다. 누구도 내 맘 알 리 없었다.

몸만 건강하다면 더욱 즐거운 여행이 되었을 텐데 몹쓸 놈의 감기 때문에…. 시아일랜드(Sea Island)섬에 있는 공항으로 나가 비행기에 몸을 실었다. 6일 밤을 언니와 같은, 때로는 친정어머니 같은 김순임 씨와 한방에서 지내게 된 것이 뜻깊었다. 저녁마다 지난 세월을 되씹는 일이 어찌나 즐겁던지 좋은 추억이 되리라.

1997년 5월 25일

강원도 용평 나들이 (1박 2일)

　오전 9시에 출발. 백발의 부모님과 백발의 이모님들의 실버단장이 된 아들, 행여 불편할까 싶어 신경써 주는 단장님이다. 할망구들의 코믹한 대화는 승용차 안을 떠들썩. 어느새 강원도 진부면 나물밥집으로 소문난 부일식당에 들어섰다. 21가지의 나물 비빔밥으로 맛있게 점심을 들고 차에 올랐다. 대관령 정상에 위치한 양떼 목장으로 달리는 우리 푸른 초원의 양떼들의 모습은 마냥 평화롭다. 먹이주기 체험장, 순한 양들과 눈맞춤하며 말린 풀잎을 손바닥에 놓으면 냉큼 받아먹는 양의 눈빛은 참 선하다. 우리는 양떼들과 사진 한 컷 찰칵하며 돌아섰다.
　어느새 그린피아(GREENPIA)콘도 605호에 짐을 풀고 뛰쳐나와 빼곡히 들어선 적송 군락지에 들어서니 상큼한 희열감에 모두들 환호성. 우리는 말했지. 보약 두 제 먹은 효능과 다를 바 없다고. 솔밭을 한참 오르다보니 옹달샘이 우리를 반긴다. 막 안의 벤치에 앉아 이때가 기회다 싶어 최선을 다한 나의 발성. 그리운 금강산, 진달래꽃, 사월의 노래, 추심, 보리

밭, 그네, 들국화 몇 곡의 노래를 용평 산자락에서 실바람에 실려 멀리 날렸다. 백발의 영감도 질세라 선구자, 봄처녀를 뽐내며 토해냈다. 지친 육신이 짙은 산 내음과 맑은 공기의 호흡 발성으로 치료가 된 듯 비탈진 내리막길을 훨훨 날으는 기분으로 다시 내려왔다.

역시 나는 오뚝이 인생, 우리는 마트에 들려 저녁상에 필요한 닭 두 마리, 쌀, 골뱅이, 맥주를 사들고 숙소에 들어섰다. 각자 집에서 챙겨온 김치 된장 상추 기타 등등, 닭에다 며느리가 보내준 감자를 넣고 끓인 명품 닭곰탕, 실버 단장께서 보글보글 된장찌개 끓여놓아 인기 방방. 사촌 기종 아우가 챙겨온 견과류 고추장과 김치. 며느리가 보내준 김치 역시 인기 방방 제법 거한 상차림. 그렇게도 입맛이 없었던 나는 맛있게 그릇을 비웠다. 그간 여행할 때마다 외식을 선호했었던 일 이제 안녕. 모두들 꿀맛 같은 저녁상을 물리고 지난 추억들을 건져 올려 도란도란 꽃을 피우며 깊은 잠에 들었다.

둘째 날, 새벽 등산길에 오른 우리 일행 푸른 초목이 무성한 산책로에서 할망구들의 신바람 홍얼홍얼 코끝에 맴도는 맑은 공기 만끽한 채로 숙소에 들어섰다.

조반 역시 맛있는 된장찌개와 골뱅이 무침. 견과류 고추장에 썩썩 비벼 맛있게 그릇을 비우고 꽃단장한 세 여인. 성자

아우의 멋진 의상 몇 가지 연출에 모두들 깔깔깔. 빨간 굽 높은 하이힐까지 챙겨와 패션쇼를 하는 그의 끼가 놀라웠다. 비록 몸은 늙어도 마음은 늙지 않는다는 것을. 자상한 실버단장은 노파들의 패션쇼를 스마트폰에 모두 담았다. 서둘러 짐을 챙겨 나와 속초 해변가를 향해 달렸다.

 한참동안 달리는 중 차가 고장이나 우리는 모두 차 밖으로 나왔다. 이게 웬일? 지나는 차가 쌩쌩 달리는 울림에 서있는 차가 흔들흔들. 그 모습 얼마나 무섭던지 우리 모두 간을 졸였다고나 할까. 부슬비가 내리는 고속도로 생소한 거리에서 수리 센터에 위치 알리기란 어려운 일, 초조하게 기다리는 중 30분 만에 도착한 기사. 200m 거리마다 있는 번호판에 새겨진 숫자를 알려주면 바로 찾아온다고. 급히 점퍼를 벗고 차 밑으로 힘들게 기어들어가는 그의 모습에 마음 아팠다. 과연 가족들이 저런 고생을 알기나할까.

 어느 직장이든 아버지들은 밖에 일터에서 정신적인 고통, 아니면 육체적인 고통이 따른다는 것을 아내와 자식들이 헤아려 드려야 되겠지. 아버지는 그 고통을 가족들에게 토해놓지 않고 가슴으로 삭인다는 사실. 이번 여행에 차 고장으로 알게 된 고속도로의 빠른 속도. 차 안에선 전혀 느껴보지 못했는데 밖에 나와 보니 온몸에 소름이 끼칠 정도의 빠른 속도. 이점 꼭 시정해야 될 일. 그러나 나 혼자 느린 속도로 갈 수 없게 되어 같은 속도를 낼 수밖에 없는 오늘 날의 현실이라고. 어쨌든 이번에 좋은 경험으로 생각된다. 운전 도중 핸드폰 사용은 금지해야 될 일. 조심스러운 맘으로 차에 올랐다.

목적지에 도착하여 소문난 물회집에 들어서니 줄을 길게 선 많은 인파. 1시간을 기다리라는 주인 말에 되돌려 속초 수산 시장에 들어가 푸짐한 우럭 매운탕과 물회로 입맛에 맞는 점심을 먹고 오후 3시에 서울로 달렸다. 한참을 달리고 있는데 공교롭게도 나는 그만 가눌 수 없을 만큼 온몸이 아파 절로 나오는 신음소리에 모두들 신경을 쓰게 되어 미안했다. 휴게소에서 내려 벤치에 앉아 등 맛사지를 받으며 판콜 한 병을 마시고 나니 서서히 회복이 되어 무사히 집에 도착했다. 이제 먼 거리 여행은 삼가라고 신께서 일깨워 준 건 아닌지. 내 아우들과 함께 한 강원도 용평 나들이 좋은 추억이 되리라.

2014년 8월 13일~14일

문학 기행 (문예춘추 치악산 1박 2일)

　L회장님 승용차에 오른 우리 일행은 어둠이 덮인 치악산기슭, 가람 별장에 짐을 풀었다. 각처에 문인들이 많이 모인 이곳. 무성한 숲에서 뿜어 나오는 산소, 맑은 공기를 마시며 저녁을 먹었다. 깊은 밤에 피곤함도 잊은 채 각자 자기만의 재능을 발휘하는 여러 문우들의 모습. 그림을 그리는 사람, 시를 읊는 사람, 현관 밖에서 숯불에 삼겹살 지글지글 소주잔 부딪히는 소리, 방안에선 여인들의 젊음을 과시하려는 의상 연출에 까르륵까르륵 숨넘어가는 소리. 짙은 화장, 집시치마에 빨간 망토의 연출을 한 J작가와 롱 치마에 멋들어진 머플러로 연출을 한 C작가, 지나치도록 화려한 두 작가의 모습을 보며 엎치락뒤치락 깔깔대던 웃음소리는 치악산자락을 울렸다. 하늘을 치솟는 웃음꽃을 피우며 밤잠을 설쳤다.

　눈을 떠보니 어느새 해가 중천에 떠 있기에 조용히 현관을 나섰다. 첩첩산중에 아침 햇살은 유난히도 찬란하게 비추어져 벅찬 감동이 일렁이었다. 별장을 빙 둘러보며 감탄했다. 이제 겨우 사십이 넘은 듯 보이는 가람 이진숙 시인! 그는 이 별장을 집필실로 사용한다고 했다. 아니 젊은 나이에 언제 돈을 벌었나? 필경 유산을 물려받았겠지. 그러나 천만의 말씀이라고, 그는 시골에서 250만원 달랑 손에 쥐고 낯선 도시로 상경했단다. 피나는 노력으로 사업 발전하여 이루어놓은 별장이라 한다. 젊은이의 도전 정신에 장함을 느꼈다.

별장 뜰 앞에는 작은 키의 대추나무 두 그루가 서 있었다. 푸른 대추 잎은 마치 참기름을 발라놓은 듯 윤기가 흘렀다. 푸른 잎 사이에 빨간 대추알이 대롱대롱 나를 유혹하고 있다. 호기심에 성큼 다가선 나는 욕심을 부려 호주머니에 가득 따 담았다. 조반상 앞에 다가선 나, 따끈한 찌개로 아침을 먹고 우리 일행은 계곡 따라 비탈진 산길을 체력의 한계를 느끼며 뚜벅뚜벅 걸었다. 한참을 오르다 보니 높은 산위에 〈영원사〉가 있었다. 절 안으로 들어선 우리 일행을 반갑게 맞이해 주었다. 스님 앞에 조용히 다가앉아 스님 말씀에 귀를 기울였다. 영원사는 신라 시대부터 있었던 오랜 전통을 지닌 사찰이라 한다.

신라말기 궁예와 양길이 이곳 영원산성에서 치열한 전투를 했다는 것이다. 더욱 놀라운 것은 궁예와 양길이의 관계였다. 궁예가 양길이의 사위였다. 이들의 싸움으로 영원사 앞 금대

계곡 따라 붉은 핏물이 흘러내려가던 계곡이라 한다. 오래전에 있었던 일이건만 스님의 말씀을 듣고 보니 온몸에 전율이 느껴졌다. 지금은 아무런 흔적이 없는데…. 치악산 기슭의 상큼하고 맑은 공기가 코끝을 휘감으니 호흡이 가벼워져 비탈진 험한 산길이지만 노래를 부르며 내려왔다. 치악산 골짜기에 산들바람이 분다. 맑고 신선한 공기 배부르게 마시고 나니 마치 보약을 한 제 달여 먹은 듯 몸이 거뜬했다. 그윽한 치악산 숲에서 뿜어 나오는 맑은 공기는 지친 내게 활력소를 뿜어 주었다.

일본 여행

　새벽 5시 30분에 서둘러 인천 공항으로 향했다. 아들과 딸의 도움으로 9시 40분 비행기에 올랐다. 11시에 후쿠오카에 도착했으나 수속 절차가 50분이나 걸려 지루했다. 12시에 일본 버스에 올라 디자이 후텐만구로 달렸다. 이곳은 학문의 신, 하늘의 신으로 숭상 받고 있는 '스가와라노미치자네'를 모시고 있어 시험 합격, 사업 번창 등을 기원하는 신사로 유명하다. 본전은 1591년에 재건되었으며, 국가 지정 중요 문화재라 한다. 주변에는 아름드리나무와 벚꽃 나무가 울창하여 관광객들의 기쁨을 더했다. 일본 여인의 옷차림(하오리)이 아름다워 그들과 사진 한 컷 찍는 바람에 일행을 놓쳐버렸다. 사방을 둘러보지만 행방을 찾을 길이 없었다. 첫날이니만큼 일행들의 얼굴도 알아보기 힘든 상태였다. 이때 마침 먼 거리에서 가이드가 푸른 깃발을 높이 흔들며 음식점으로 들어가고 있었다. 우리 부부는 가쁜 숨을 몰아쉬며 따라가 점심을 함께 했다. 나는 해외여행 할 때마다 음식이 맞지 않아 고통스러웠다. 이렇게 맛있는 음식을 왜 못 먹느냐며 다그치는 남편이

야속했다.

　벳부 지옥온천, 순례 지옥에서 뿜어 나오는 증기로 밥을 지어 신에게 바쳤다고 하여 붙여진 이름으로 여섯 개의 연못이 온도에 따라 색깔이 다르다. 온도가 높아질수록 하늘색으로 변하는 온천수는 90도라 한다. 모락모락 피어올라 휘날리는 뽀얀 김은 우리의 마음을 사로잡았다. 그 열기로 계란을 쪄내고 있었다. 열 개에 780엔(당시 한국 돈으로 7800원 정도). 김에 익은 계란은 내 입맛에 맞아 성큼 두 알을 까먹으니 시장기를 면했다. 땅 속에서 뿜어 나오는 따끈한 물을 받아먹느라 차례를 기다려야만 했다. 계란 향이 나는 물은 입안을 델 정도로 뜨거웠다. 더욱 신기했던 것은 담배 연기를 온천수에 대고 뿜어내면 뽀얀 김이 피어올라 모두들 신기한 눈초리였다. 한 연못에서는 흙이 마치 도토리묵을 쑬 때처럼 뽀글대고 있어 신기했다. 주변을 돌고 있는 우리 부부의 스냅 사진을 찍어놓고 기다리는 여인이 있었다. 갑자기 우리 곁에 다가서며 사진을 내밀어 당황했다. 한 장에 1000엔, 두 장에 1800엔(한국 돈 18000원 정도)이었다. 대단한 상술이 아닌가. 해가 기울 무렵에 차에 올랐다.

　일본 사람은 상대에게 되도록 스트레스 받지 않도록 돌려서 말을 하는 편이라고 한다. 그 이유는 섬사람이기 때문에 섬에 빠져 죽을 염려 때문이라고 한다. 가이드 말을 듣고 보니 그럴 성싶었다. 차창 밖으로 보이는 집들은 대부분 나무로 지은 집이며 허술해 보였다. 지진 때문에 되도록 지붕은 가벼운 기와로 바꾸어 가고 있다며 가벼운 기와는 많이 비싸다고 한다. 일본은 우리 한국의 4배나 큰 나라였다.

　일행은 벳부스기노이 호텔에 짐을 풀었다. 다다미방은 응접실을 우아하게 꾸려놓은 멋진 호텔이었다. 저녁을 먹고 숙소로 올라와 우리 부부는 같은 빛깔의 유카타로 갈아입고 발가락에 걸치는 슬리퍼를 신고 서로 바라보며 깔깔댔다. 80세, 73세에 처음 입어보는 일본의 유카타는 어색함 없이 편안했다. 나는 온천장에 들어서며 그곳의 문화에 어긋나지 않으려고 신경을 썼다. 가릴 덴 가리고 들어섰으며 수건에 비누칠로 깔끔히 닦고 탕에 들어갔다. 일본 여인들과 함께 온천을 하며 슬금슬금 살펴보니 겸손하며 상냥한 그들의 대화에 매력을 느꼈다. 역시 때를 미는 사람은 한 사람도 없었다. 온천탕에서 노천탕을 들락이며 온천을 하고 나왔다. 침실 분위기가 우아해서일까? 바로 깊은 잠에 들었다.

　둘째 날 쿠로가와 온천지대로 달렸다. 일행은 이제 구면인지라 어색함 없이 함께 했다. 가이드의 재치 있는 입담에 귀 기울였다. 일본에서는 까마귀를 좋은 상징으로 보고 까치는 혐오스럽게 본다고 한다. 한국과는 정반대였다. 까마귀의 아이큐는 영리한 앵무새와 같다고 한다. 까치는 까마귀와 달리 머리가 나빠 한 달 전의 일은 모두 까먹는다고 한다. 일본에서 어느 여인이 쓰레기 봉지를 내다 놓았는데 까마귀가 쪼아 먹는 것을 보고 여인은 돌을 던졌다. 다음날 옷을 갈아입고 쓰레기를 버리는 그 여인의 머리 위에 까마귀가 돌을 던져 맞았단다. 그 정도로 까마귀가 영리하다고 했다. 모두들 실감나게 들었다. 버스가 다니는 산길이 매우 좁았다. 차창 밖으로 보이는 산은 대부분 벌거숭이였다. 땅 속 뜨거운 온기에 나무가 자랄 수가 없단다. 나는 버스에 오를 때마다 차멀미에 고통스러웠다. 일행 중에 15개월 된 아기 역시 차멀미를 하는지 버스에 오를 때마다 우는 모습이 안타까웠다.

쿠로가와 온천에 도착했다. 이곳에 24개의 온천중에서 자기 마음에 드는 3곳을 선택하여 내의 노천탕 및 냉탕을 자유롭게 이용할 수 있는 곳이다. 나는 가장 안쪽으로 있는 산가료칸 온천에 들렀다가 이코이료칸 온천에 들어섰다. 미백 효과에 좋은 성분이 함유되어있어 여성들에게 인기가 제일 많은 온천이라고 했다. 땅 깊이는 내 턱까지 물이 찼으며 네 명 정도 들어갈 수 있는 아주 작은 공간이었다. 미백에 효과가 있다 하니 우선 얼굴에 물 맛사지를 열심히들 하고 있었다. 계곡에 흘러내리는 물소리를 들으며 온천을 할 수 있어 낭만적이었다. 나는 걸쳐있는 두 개의 강목을 하나씩 양 손에 잡고 매달려 온천을 하니 더욱 흥미로웠다. 일본에는 1만 4천 개의 온천이 있다고 한다. 우리 일행은 저녁을 먹고 아소빌라파크 호텔에 들어섰다. 사계절을 자랑하는 아소활화산을 보고 싶어하는 사람들에게 추천하는 호텔이었다.

   아소활화산 분화구 관람, 이른 아침부터 봄비가 내렸다. 활화산 분화구에 오르기란 천식 환자들은 힘들다며 올라가지 말라는 가이드의 말이었다. 그 말에 나는 망설이게 되었지만 용기를 내어 케이블카에 올라탔다. 케이블카에서 내려서 올라가는데 비 안개 바람 등 냉혹한 추위에 모두들 벌벌 떨었다. 바람이 몹시 불어 쓰고 있던 모자가 날아갈 정도였다. 세계 최대급 칼데라 화산으로 현재도 활동 중인 활화산, 화구는 지금도 분연을 뿌옇게 내뿜으며 계속 활발하게 움직이고 있다. 이렇게 위험한 곳에서도 호흡에 괴로움이 없었다는 사실! 그 순간 내 머리에 스쳐지는 인트라(발효 식품)에게 감사함을 느꼈다. 우리 일행 중 젊은 여인들은 할아버지 할머니가 멋있다며 함께 사진 찍고 싶다는 그들 말에 남편은 기분 좋아 싱글벙글 하며 그들과 사진 한 컷 찍었다.

숲의 도시 구마모토성으로 차는 달렸다. 일본 3대 명성 중의 하나로 1601년부터 7년에 걸쳐 임진왜란 때 한국의 원수였던 가토기오마사가 자신의 전쟁 경험을 바탕으로 지은 난공불락의 성이었다. 1877년 니시난의 난으로 대부분 소실되어 중요 문화재인 우토야쿠라 외 11개의 망루와 돌담만 남아있었는데 1960년에 시에서 다시 재건한 천수각이었다. 5층까지 158개 계단 오르기란 많이 힘들었다. 계단이 좁고 전등이 없어 내부가 환하지 못하니 늙은이들이 오르내리기란 힘든 계단이었다. 일본은 가는 곳마다 매사에 절약하는 모습이 눈에 띈다. 그토록 아끼고 절약하여 선진 국가가 된 건 아닌지. 나는 체력의 한계를 느끼며 5층에 올라섰다. 와~ 구마모토 시내를 한 눈에 볼 수 있으니 가슴 속까지 시원했다. 몰려드는 인파에 떠밀려 내려가는 계단 앞에 서게 됐다. 다시 컴컴한 계단을 내려갈 생각에 마음이 무거웠다.

그러나 다행히 내 맘 속에선 선율이 흐르고 있었다. 일본의 땅을 밟아서일까? 나도 모르는 사이에

시나노요루 / 시나노요루여 / 미나도너아까리

하고 노래를 흥얼대면서 수월하게 1층에 내려섰다.

화사한 벚꽃, 꽃잎들이 휘날리는 성 주변을 돌고 있을 무렵, 저만치에 서 있던 남편의 다급한 목소리가 들렸다. "여보, 카메라가 없어졌네." 하는 게 아닌가. 추억거리가 많이 담아진

카메라를 잃었으니 또한 아들의 카메라였기에 더욱 긴장되었다. 이때 옆에서 있던 젊은이가 우리 곁에 다가서며 "카메라가 없어졌다구요?" 이 성 계단 난간에 카메라가 매달려 있는 것을 보았다고, 그러나 몇 층의 난간인지는 모른다고 했다. 우리 부부는 다급한 마음으로 계단을 밟기 시작했다. 그간에 누가 가져가지나 않았는지, 혹시 다른 사람의 카메라일 수도 있는데 하며 계속 오르다보니 3층 난간에 걸려 있는 카메라가 눈에 띄었다. "여보, 우리 카메라가 분명해요."하며 소리치자 옆에 서있던 50대쯤 보이는 신사가 끈을 풀어 우리에게 건네주었다. 신사 옆에 아가씨가 서 있었다. 알고 보니 카메라 주인이 나타나기를 기다리느라 두 사람이 기다리고 있었던 것이다. 얼마나 고맙던지 한국에 오시면 전화 달라고 명함을 주고 돌아섰다. 일본인들의 올바른 정신 상태에 놀라웠다. 우리 부부는 그들에 대한 감탄을 하며 침침한 계단을 휠휠 날아 1층에 내려왔다. 버스에 오를 시간이 다 되어 가는데 버스를 찾아갈 길이 막연했다. 다급한 심정으로 허둥대고 있을 무렵 일행이 눈에 띄어 허겁지겁 그들 뒤를 따라 버스에 올랐다.

포도 와인 공장에 들어섰다. 각종 와인을 시음해 볼 수 있는 곳이었다. 포도 와인이 목선을 타고 내려가니 가물대는 눈망울. 남편은 술을 굶주린 판에 신나게 고루고루 마시는 모습

마치 꿀물을 마시는 듯했다. 와인을 사들고 나오는 사람이 많았는데 나는 건포도 3봉지를 사들고 나왔다. 우리는 또 차에 올라 후쿠오카로 달렸다. 일본에서 제일 부자가 누군지 아시냐고 가이드가 말했다. 그러나 40명 중 한 사람도 아는 사람이 없었다. 그는 손정의 한국인이라는 말에 모두들 놀라워했다. 손정의 그는 할아버지와 할머니가 열심히 살아가는 모습을 보고 그도 매사에 열심히 노력하며 살아가는 사나이라고 한다.

가이드는 손정의의 과거를 이야기했다. 손정의 그의 형이 대학을 나오고도 취직을 못하고 살아가는 형의 모습을 보고 돈을 벌어야겠다는 생각에 고등학교 1학년 때 중퇴를 하고 일본으로 들어가 핸드폰 사업으로 대성공을 하여 일본에서 최고의 재벌이 되었다고, 장함을 느꼈다. 도시로 들어서니 벌거벗은 산은 보이지 않고 싱그러운 수목들이 우리를 반긴다. 차창 밖으로 보이는 승용차는 대부분 소형차였다. 일본인들의 검소한 생활태도와 절약정신은 우리가 본받아야할 부분이 아닌가 싶다. 일본은 신을 모시는 종교가 1만 개가 되며 신에게 의지를 많이 하는 나라라고 한다. 일본의 문화를 조금이라도 더 알려주려고 가이드는 피곤함을 무릅쓰고 열심히 전달해주었다.

일본의 재벌 손정의 씨가 운영하는 후쿠오카 호텔에 들어섰다. 드높은 빌딩에 넓은 공간 모두들 놀라워했다. 우리 부부에게 배정된 숙소는 17층 1711호였다. 창문을 열어보니 푸른 강물이 우리를 유혹하여, 짐을 던져 버린 채 다시 뛰어 나왔다. 주변 환경이 아름다웠다. 일어에 능숙한 남편인지라 일본 여인의 친절한 안내를 받으며 쇼핑센터에 다녀왔다. 먼 거리를 그곳 입구까지 안내를 해주고 돌아서는 여인의 배려 정신에 놀라워하지 않을 수 없었다. 다정다감한 아름다운 여인이었다. 나는 자리에 누워 자신에게 자문해본다. 이번 여행은 자식들의 배려로 떠나온 여행인데 과연 보람된 여행이었나? 음식이 맞지 않았고 차멀미 하며 관광을 하게 되어 힘들었지만 그 반면에 일본 문화에 대해 많은 것을 알게 되었으니 이번 여행은 보람된 여행이었다고 말할 수 있다. 결과가 좋으니 흐뭇한 마음으로 잠자리에 들었다.

넷째 날 8시 30분에 면세점으로 안내를 받아 30분 동안 쇼핑을 했다. 모두들 많이 구입하는 편이었다. 일본에는 물가가 비싸니만큼 아무 것도 사지 않으려고 했는데 이곳 면세점에 들어서며 나는 마음이 흔들렸다. 3남매에게 기념이 될 만한 선물을 골랐다. 일본에 칼이 유명하다 하여 결국은 거금을 주고 구입했다. 내가 입을 하오리도 하나 골랐다. 되도록 돈을 안 쓰려고 아꼈던 지폐를, 모두 써버리고 돌아섰다. 모든 여인들의 마음도 나와 다를 바가 없었을 것이다. 후쿠오카 공항으로 향했다. 오전 11시 50분 비행기에 올라 인천 공항에 오후 1시에 도착했으나 많은 인파에 수속 절차가 늦어져 10분 전 2시에 집으로 향하게 되었다.
        2008년 4월 7일

에세이 3부

들꽃 한아름

들꽃 한아름

　장대비가 쏟아지는 일요일 오후였다. 오랜만에 K대 정문 앞으로 지나는데 바바리 코트 차림의 멋진 한 청년이 우산 속에 서있는 모습이 내 눈에 들어왔다. 그를 보는 순간 새삼 떠오르는, 아직도 내 기억에서 지워지지 않는 K대생을 떠올리며 혼자 미소를 머금었다.

　수십 년이 지난 창을 열어본다. 짙은 감색 교복 칼라에 K대 배지를 단 수줍음이 많았던 그 학생, 내가 출근할 때면 항상 먼저 버스정류장에 나와 있었다. 그러므로 우리는 서로가 안면이 익숙한 사이였다. 나를 몰래 훔쳐보다 눈이 마주칠 때면 그는 화들짝 놀라는 모습이 역력했다. 나 역시 가슴 설레어 얼굴이 화끈 달아올랐었다. 그러던 어느 날 남동생이 헐레벌떡 대문 안에 들어서며 우리 뒷집에 사는 K대생이 처음 보는 자기에게 과외 지도를 해준다 했다며 몹시 기뻐했다. 아니 이럴 수가! 알고 보니 출근길에 버스정류장에서 나의 마음을 설레게 했던 그 학생이었다. 우리 뒷집에 산다는 사실에 얼마나 놀랐던지. 그는 지방에서 올라와 큰댁에서 학교에 다니고 있는 학생이었다.

 그 이후 동생과 그는 성북동 깊은 산속에다 높게 산막을 지어놓고 동생 과외 지도를 해주며 그곳에서 함께 지냈었다. 나는 가끔 퇴근길에 굽이 높은 하이힐을 신은 채 설레는 마음으로 우거진 숲을 헤쳐 가며 막에 오르곤 했었다. 때로는 들꽃을 한아름 꺾어 들고 매미 울음소리에 취해 가며 막에 오르는 것이 내게는 큰 기쁨이었었다.

 그러던 어느 날 밤에 그들이 잠든 사이에 산막에 도둑이 들어 쌀자루와 손목시계를 모두 잃어버렸다. 결국은 힘들게 지어놓은 산막을 버려두고 산에서 내려와야만 했었다. 그는 동생 방에서 함께 지내기를 원한다고 했고 부모님은 무보수 과외지도의 고마움으로 쾌히 승낙하셨다. 나는 퇴근 후 간식을 챙겨준다는 핑계로 그들의 공부하고 있는 방에 드나들곤 했다. 그는 우리 남매를 자주 학교로 불러내어 이곳저곳 구경도 시켜주고 정문 앞 잔디밭에서 사진도 찍어주며 즐거운 시간을 보냈다.

 그러나 어느 날 갑자기 아버지께서 그 학생을 내보내라고 하셨다. 과년한 딸들이 있는 집에서 다 큰 청년과 함께 지낸다는 것은 바람직하지 못한 일이라고 말씀하시어 동생은 입장 곤란하여 어쩔 줄 몰라 했다. 나는 말 한마디 거들지 못하고 눈치만 살필 뿐, 우리집은 아버지 말씀이라면 무조건 복종

하며 살아왔기 때문에 그는 결국 우리집에서 나갈 수밖에 없었다. 다음날 삼선교에 있는 아담다방에서 만나자고 내게 한마디 남기고 그는 짐을 챙겨들고 나갔다. 그의 뒷모습을 보며 측은한 생각에 마음 아팠지만 둘이서 만나자는 말에 한편으로 가슴이 설레었다.

퇴근길에 약속 장소에 들어섰다. (삼선교에 있는 아담다방) "미안해요."하며 나는 고개를 들 수가 없었다. 그는 그간의 자기의 속내를 모두 털어놓았다. 미스정을 사귀고 싶어서 생각 끝에 동생한테 접근을 했었다고 한다.

"산에 막을 짓느라 고생이 많았죠?"

"아니예요, 모두가 즐거웠는 걸요."하며 빙긋이 웃는 그의 모습. 이제부터는 동생은 떨쳐버리고 우리 둘이서 만나자고 한다. 나 역시 그에 대한 감정이 좋았었기에 누가 알세라 가슴 콩닥거리며 K대 뒷동산에 올라가 큰 바윗돌에 앉아 김소월 작시, 김동진 작곡, 〈진달래꽃〉을 합창으로 즐겨 부르며 헤어질 땐 〈검은 장갑 낀 손〉 노래를 부르며 조심스럽게 둘이서 달콤한 만남을 가졌었다.

그러던 중 이게 웬일인가! 부모님께서는 우리가 만나는 것을 어떻게 아셨는지 완강히 반대하셨다. 나는 이러지도 저러지도 못할 입장이었다. 결국 고심 끝에 마음을 돌릴 수밖에 없었다. 우리의 만남은 짧았었지만 손목 한 번 잡아본 적 없는 그가 오랜 세월이 지난 지금도 내 기억에 또렷이 남아있다. 그의 기억에도 내가 남아있을까?

수십 년이 지난 추억의 실타래를 한 올씩 건져보니 감회가 새로웠다 할까. 이젠 길에서 그를 마주친들 서로 알아보기나 하겠는가! 흰 머리카락 휘날리며 얼굴에는 주름살이 잡혔을 그는 지금 무엇을 하며 어디에서 살고 있을까? 팔십 중반에 가끔 성북동 거리를 거닐 때면 기억 속의 그 사람을 생각하며 추억에 젖어든다.

신록의 계절 오월(가족 여행 경주 1박 2일)

　새벽 6시 51주년 결혼기념일을 맞이하여 승용차 두 대가 우리 가족을 싣고 경주를 향해 달리고 있다. 내 아우와 나는 뒷좌석에 앉아 열성적으로 발성 연습을 하다 보니 차멀미도 잊었다. 차창 밖에 맑은 새벽공기에 울창한 나무 잎들이 한들한들 재롱떠는 모습을 보며 문득 금아 피천득 선생님의 "오월"이 생각났다.

　　오월은 금방 찬물로 세수를 한 스물한 살 청신한 얼굴
　　하얀 손가락에 끼어있는 비취가락지
　　오월은 앵두와 어린 딸기의 달이요, 오월은 모란의 달이다

　스물한 살 피천득 청년이 밤기차를 타고 피서지 해변 가에서 쓴 글이었다. 너무나 아름답고 신비한 표현에 감탄했다.
　그래요, 이렇게 아름답고 싱그러운 계절, 1963년 5월 25일 온 천지가 푸르름 속에 빨간 장미꽃이 흐드러지게 만발한 계절에 나는 결혼식을 올렸다.

보릿고개 가난했던 그 시대에 흰 구두가 없어 흰 드레스 끝자락에 빨간 구두 보일세라 종종 걸음으로 진땀을 흘리며 신랑의 손을 잡았던 그날 "수필을 쓰다보면 내 안에 꼭꼭 숨겨두었던 비밀을 언젠가는 밝히게 되어있다"고 어느 작가가 말했다. 그렇게도 부끄러워했던 일을 이제는 당당하게 말하고 있으니 역시 수필을 쓰다보면 결국 토해내기 마련인가보다.

결혼 51주년이 되고 보니 어느덧 남편의 나이 86세, 내 나이 79세, 이제는 기력 부진으로 비실이가 되어버린 우리 부부, 삼남매의 가족들 손자 영준, 손녀 혜윤, 함께한 이번 경주여행 뜻깊은 여행이다 싶다. 휴게소에서 가족들을 만나 간식을 먹고 정성들여 싸온 며느리의 김밥을 먹으며 부득이한 사정에 의해 함께하지 못한 며느리와 손자 석준, 많이 아쉬워했다.

어느새 목적지 경주에 도착했다. 가족과 함께하니 7시간을 달려왔어도 다른 때와 달리 지치지 않고 오히려 생동감 팍팍, 유명하다는 교동 쌈밥집에 들어섰다. 차례를 기다리는 중 번호표 2번이란 호명에 밥상 앞에 앉았다. 기다린 보람 있게 맛있게 그릇을 비우고 바로 천마총으로 달렸다. 이곳에 들어서니 무성한 노송과 느티나무 그늘이 어찌나 시원하던지 벤치에 앉아 아우와 함께 노래를 부르고 나니 가슴이 펑 뚫리는 기분이었다. 철갑을 두른 듯 우람한 노송 자태에 귀품이 흐른다. 역대 임금들의 무덤이 어찌나 크던지 시선을 끌었다. 경주 분황사 3층 탑 앞에 입장 분황사 3층탑은 신라석탑 가운데 가장 오래된 것으로 알려졌다. 신라 선덕여왕 시대 모전 석탑은 네 모서리에 사자 4마리가 앉아 있다. 마치 석탑을 지키는 수호신이라 할까.

 경주 포석정에 들어섰다. 이곳은 신라 왕실의 별궁이다. 푸른 나무 그늘 아래 타원형 석조 구조물 안에 물이 흐르는 이곳에서 역대 임금들이 시를 짓고 읊으며 연회를 베풀던 곳이다. 해가 서산에 기울자 숙소로 향했다. 달리는 차창 밖에 장미꽃이 곳곳에서 우리를 황홀하게 유혹한다. 꽃 중에 장미꽃이 미인이라 했던가, 나이가 들수록 꽃과 푸른 초목이 더욱 아름답게 보이는 것을…. 이스트힐 리조트 1207호에 짐을 풀고 경주에서 소문난 떡갈비로 저녁을 먹고 숙소로 올라와 푸근한 가족들 앞에서 내 아우 성자와 사르르 깊은 잠에 들었다.

 둘째 날 불국사 다보탑, 탑 모양이 특이했다. 김유신은 김춘추의 여동생 문희와 탑돌이를 하다가 사랑이 이루어져 결혼을 했다고 한다. 옆에 석가탑은 공사 중이었다. 석굴암 오르는 길은 가파르고 쌀쌀한 찬바람이 옷깃을 여미게 했고 국보 24호 세계문화유산으로 지정되어 있는 신라 경덕왕 시대에 세워진 석굴암은 1960년대에 복원공사를 했다. 이 깊은 곳에 계신 부처님께서 우리를 반겨주시는 듯, 많은 불자들이 그곳에 들어가 기도드리는 모습을 보며 불국사를 거쳐 석굴암을 돌아 나와 감포로 향했다.

 들르는 곳마다 역사에 대한 해설자 역할을 대신해 준 김진태 사위 덕에 한결 즐거운 여행이 되었다. 강한 햇살이 내려쪼이는 쪽빛 바닷가에 모래알을 밟으며 훨훨 날으는 내 새끼들 어미 마음 흐뭇했지, 부모의 이 애틋함 너희들은 모르리. 문무대왕의 능 앞에서 물 회로 맛있게 점심을 먹고 쪽빛 바다 가슴에 품은 채 신나게 서울로 향해 달렸다. '51주년 결혼기념일', 역사가 숨 쉬는 경주에서 가족과 함께 뜻깊은 추억이 되리라.

2014년 5월 25일

여주 문학 기행(도봉 문협)

　푸르름이 짙은 장미꽃이 만개한 따스한 유월 여주 황학산 수목원에 들어선 일행, 따스한 햇살 아래 싱그러운 초목들과 이름 모를 꽃들이 우리를 반긴다.
　내 생에 처음 맛본 보리수 빨간 열매 한 알 뚝 따 입안에 오물오물 단맛에 한 줌 뚝 따 먹고 나니 와~ 울렁대던 차멀미가 가라앉고 생동감 팍팍. 어디 그뿐인가 연못에 곱게 피어난 수련은 푸른 잎 사이에 예쁜 분홍빛깔을 연출하여 지나던 우리의 발목을 잡아버렸다. 우리들의 환호소리에 더욱 자태를 뽐내는 듯했다. 요염한 수련 매력에 푹 빠져버린 문우들은 싱그럽고 아름다운 황학산 수목원을 지루함 없이 가벼운 발걸음으로 돌아 나왔다.
　여주 신륵사에 입장했다. 신라 진평왕 때 원효대사 창건, 나옹선사 입적한 곳이다. 남한강 강바람을 스치며 정자에 올라 해설자의 강의를 들으며 다층석탑과 다층전탑을 돌았다 나옹선사의 사리탑을 돌며 나옹의 시 한 수를 내심 읊었다.

청산은 나를 보고/ 말없이 살라하고
창공은 나를 보고/ 티 없이 살라하네
탐욕도/ 벗어놓고 성냄도/ 벗어놓고 물같이
바람같이/ 살다가 가라하네

시장기를 알리는 신호 꼬르륵대는 점심시간에 입맛에 맞는 점심 한 그릇 뚝딱 했다. 잠시 후에 여주 영릉 조선 제4대 세종대왕과 소헌왕후 심씨 합장한 릉에 올랐다. 전망이 참 좋은 곳에 앞이 훤하게 트이고 뻥 둘러 빼곡히 둘러선 노송들의 자태는 마치 무덤을 지키는 수호신이라 할까. 우리 모두 세종대왕 산소 정면을 피해 옆으로 정숙한 자세로 인사 올렸다. 최고의 명당으로 손꼽히는 세종대왕의 귀품이 흐르는 우람한 릉. 세종대왕의 업적을 해설하는 정운일 회장님의 해설이 참 좋았다. 최고의 업적을 남기신 분이 바로 세종대왕이라 하겠다. 세종대왕께서는 재위 기간 32년 동안 한글 창제 집현전 학자들과 한자보다 소리내기 쉽고 익히기 쉬운 훈민정음을 만드셨다. 우리는 그분의 뜻을 받아 더욱 한글을 사랑해야 되겠지.

깔끔한 잔디밭에서 같은 길을 걸어가는 선후배 동지들과 함께한 이 자리. 비록 빈약해져 버린 나의 육신 그래도 사진 촬영을 즐기는 나.

조선의 국모 철의 여인 명성황후 생가에 들어섰다. 명성황후께서는 훌륭한 가문인 여흥 민씨로 8살 때 아버지를 여의었지만 훌륭한 어머니 가르침에 손색없는 규수로 성장했다. 16세에 왕비로 책봉되어 홍성대군 며느리로 조선26대 고종 임금을 내조하면서 본격적인 조선왕조의 근대화 작업에 착수, 1887년 최초의 여성 교육기관인 이화학당의 이름을 하사하는 등 뛰어난 능력과 외교술을 발휘한 장한 분이었다. 고종과 명성황후의 외교력으로 대 러시아 외교 관계가 급진전을 보이자 당황한 일본은 1895년(양력 10월 8일) 새벽 경복궁 내 건청궁에서 명성황후를 무참하게 살해했다. 45세 나이로 파란만장한 생애를 마감한 명성황후였다.

이번 문학기행은 많은 것을 얻게 되어 보람된 문학기행이다 싶다. 여주라는 곳은 이렇게 훌륭한 업적을 남기신 분들이 곳곳에 계신, 장한 고장이라 말하고 싶다. 좋은 추억거리를 한아름 안고 돌아섰던 도봉문학 기행이었다.

2016년 6월 11일(토)

금혼의 나들이 (1박 2일)

　바쁜 일정을 뒤로하고 두 분을 모시겠다며 현관에 들어선 아들. 올해가 금혼이니 만큼, 어머니 아버지 결혼식 올렸던 예식장과, 신혼 여행지였던 호텔에 모시겠다고 한다. 나는 그만 하마 입이 되고 말았지. 어떻게 이런 생각까지 했을까. 너무 좋은 생각이다 싶어 영감에게 호들갑을 떨었다. 그러나 재미 머리 없는 영감은 하늘을 나는 내 기분에 초를 치고 말았다. "수십 년이 지난 세월인데 아직 그곳에 있을 리 없다"고 했다. 나는 투덜대며 인터넷을 열어보니 영감 말이 맞았다. 시무룩한 표정으로 돌변한 어미, 우리는 영감 의견에 따라 강원도로 향했다. 차창밖에 쏟아지는 맑은 햇살과 싱그러운 푸르름.

　아들 차에 오를 때면 이때가 기회다 싶어 제대로 되지 않는 발성 연습을 한다. 영감과 아들은 듣기 싫겠지만 오히려 칭찬을 해주는 아들, 나는 양심이 있기에 순간순간 지난 세월 기쁨과 슬픔을 수다도 떨며 깔깔대다 눈시울도 찔끔댔다. 뱃속에선 쪼르륵 신호가 오기에 평창군 나물향이 짙은 밥집이 생각나 그리로 달려가 20분을 줄을 서서 기다렸다. 그러나 2년 전에 먹었던 나물향이 아닌지라 실망이 컸다. 주인이 바뀌었나?

 영감은 차에 오르자 지난 추억들을 이야기하며 목이 터져라 노래를 부른다. 50세의 아들은 아버지의 즐거워하는 모습에 그저 싱글벙글 어느새 경포대 도립공원 호숫가를 돌고 있는 우리. 호숫가에 세워진 시비에 이렇게 써있었다. '사공의 노래. 함효영 작사, 홍난파 작곡 '

 버튼을 살짝 누르면 음악이 흐르는 설치를 해 놨다. 많이 부러웠다. 맑은 넓은 호숫가에 제법 잘 어울리는 사공의 노래이다.

 두둥실/ 두리둥실/ 배 떠나간다/ 물 맑은 봄 바다에/
 배 떠 나간다

 상큼한 기분에 도취되어 목이 터져라 토해냈다.

 해거름에 오죽헌으로 신나게 달리는 우리. 신사임당과 율곡의 자취를 더듬는 순간, 문득 스쳐지는 손홍열 교수. 우리와 함께 이곳을 다녀갔던 추억이 떠올라 가슴 짠해지던 순간 이모부 사랑이 남달랐던 아들도 눈시울 질끈하며 몹시 그리워하는 모습에 안타까웠다.(그가 속세를 떠난 지 9개월) 영감 역시 눈시울 질끈, "손교수와 추억이 너무 많아 괴롭다."고 했다. 우리는 발길 돌려 울적한 맘 활활 털고 옥계로 달렸다.

'라파즈한라시멘트 주식회사' 드라이브를 했다. 푸른 숲이 울창하고, 어마어마한 넓은 대지에 놀라웠다. 시멘트 생산되는 과정을 이제야 알게 된 우리 부부. 큰 돌을 잘게 부수어 불에 구어 시멘트가루를 생산한다고. 그 과정이 매우 힘든 작업임을 느꼈다. 해가 기울자 숙소에 짐을 풀고 싱싱한 회로 저녁 식사를 했다. 숙소로 돌아와 오순도순 이야기꽃을 피우며 우리 부부 믿음직한 아들 옆에 누워 흐뭇한 미소로 사르르 잠이 들었다.

다음 날 묵호항으로 나가 펄펄 뛰는 싱싱한 생선을 사들고 서울로 향했다. 춥지도 덥지도 않은 좋은 계절에 지치지 않고 생동감 있는 금혼의 나들이, 뜻 깊은 추억이 되리라.

2013년 5월 18일

그녀의 안타까운 시집살이

1966년 여름, 둘째(성희) 돌 무렵 30세 주부인 나는 정릉으로 이사를 했다. 주인집 가족을 들여다보니 홀시어머니와 대학생 시누이, 그녀 내외와 아들 형제, 6인 가족이었다. 그들의 생활을 조심스럽게 훔쳐보니, 시어머니와 시누이 시집살이를 하는 며느리가 그 집의 식모 같았다. 항상 주눅이 들린 꾀죄죄한 모습에 가여운 그녀, 너무나 살벌해 문틈으로 귀를 기울이게 된 나, 그녀는 항상 부엌 부뚜막에 걸터앉아 밥을 먹는다. 시집살이를 모르고 살아온 나는 그 모습에 많이 슬퍼했다.

날카로운 시어머니 앞에선 고양이 앞에 쥐가 되고 마는 그녀, 시장 봐 온 장바구니 모두 꺼내어 시어머니 앞에 보여드리면, 돋보기 너머로 주판알 굴리는 시어머니, 한 푼이라도 어긋날 때면 날카로운 눈매 돋보기 너머로 째려보는 시어머니였다. 사사건건 며느리의 단점만을 캐내는 시어머니 앞에서 그녀는 감히 말대꾸를 하지 못했다. 때론 나도 덩달아 죄인인 듯 움츠리며 눈치 살피게 되었다. 다행인 것은 그녀의 남편은 양반 중에 양반, 어질고 착한 성품에 최고의 엘리트 과학자 연구원이었다는 것이다. 때론 자기 어머니가 외출할 때 틈을 타서 모든 일을 도와주는 훤칠한 키에 잘생긴 착한 남편이었다. 심지어 아내의 다리미질까지 도와주었다. 그 내외는 서울대, 이대 출신으로 학벌도 좋고 금슬 좋은 부부였다. 그러나 자기 어머니 앞에선 항상 과묵해야만했다. 아내인 그녀의 매사 움츠러든 생활 모습을 보면서 나는 화도 나고 우울했다. 그렇다고 해서 이사를 할 수도 없고 어떡하면 악순환되는 고부간 사이를 완화시킬 수 있을까 오랜 시간 깊은 고민 끝에 어느날, "그래, 바로 이거야" 하고 내 머리를 탁 쳤다. 밑져야 본전이니 이 방법으로 시도해보자고 나 자신과 약속을 한 후 기회를 살피던 중 그녀의 시어머니가 외출을 했다.

나는 아이를 업고 마루 끝에 모처럼 한가히 앉아 있는 그녀 앞으로 다가갔다. 무서운 시어머니가 집안에 안 계시니 목소리가 그새 커진 그녀였다. "내가 못나서 성주 엄마 보기가 부끄러워요." 하며 눈물을 훔치는 그녀, 나는 그녀의 손을 잡으며 말했다. "아니예요, 동욱 엄마, 무슨 그런 말을 해요? 사실 시어머니 속마음은 며느님을 사랑하고 있음을 알았어요." 라고 말하니, 그녀는 깜짝 놀라며 "성주 엄마 무슨 그런 말을 해요, 그렇지 않아요" 하며 머리를 도리질을 하는 그녀였다.

"내 말을 좀 들어봐요, 시어머님은 성품이 착하고 선한 며느리라고 은근히 칭찬을 하시더라구요. 이대 출신이라며 친정 집안도 훌륭하다는 말씀도 하셨어요." 그녀는 어이없다는 듯 황소 눈망울에 메기입이 되어 호탕하게 웃음을 터트렸다. 그 모습에 나 또한 화들짝 놀랐다. 오, 저런 호탕한 면이 있었구나 싶어 그녀를 바라보았다.

또한 반대로 그녀가 시장 보러가는 틈을 타 조심스럽게 그의 시모 앞에 다가서며 말을 건넸다. "며느님은 '지혜로운 시모님을 만나 자기가 많이 성숙해졌다'고 은근히 시모님에 대한 자랑을 많이 하더라구요." 하자 안경 너머로 나를 바라보며, "아니, 그 에미나가 그런 말을 합디까?" 하며 금세 미소가 번지는 그 모습에 나는 용기가 나 이모저모 조심스럽게 좋은 말을 곁들였다.

그러나 퇴근한 남편에게 이부자리 속에서 그들의 고부간 사이의 일을 모두 밝히자 남의 일에 왜 쓸데없는 짓을 하냐며 나무라는 게 아닌가. 내게 칭찬을 해줄 줄 알았던 기대에 나는 그만 헉! 매사 남편 의견에 잘 따랐던 나는 밤잠을 설치며 후회를 했다. 오지랖 넓은 자신이 미워지기까지 했다. 그렇다고 어렵게 한 자신과의 약속을 저버릴 수 없다는 생각에 지속적으로 양편을 오가며 기회가 있을 때마다 건넨 몇 마디가 둘 사이를 좋게 하는 데 꽤 효율적이라는 것을 느끼게 되었다. 그들 고부간의 갈등이 많이 치유됐음을 실감하게 되었다. 그들 고부간 사이가 온화해지니 우선 내 삶이 평화로워졌다. 그녀의 시모는 그 후 우리 아이들을 더욱 예뻐해 주었고 그토록 날카롭고 무서워 보이던 인상이 순한 양이 되었다고 할까. 며느리 그녀는 내게 고맙다는 말을 자주 많이 했다.

세월이 흘러 우리가 이사하는 날 그녀의 시모는 며느리에게 손짓을 하며, "동욱 에미, 너는 성주 엄마 때문에 많이 사람이 됐다."고 하는 게 아닌가. 아니 이럴 수가 나는 쥐구멍을 찾을 수밖에. 그러나 그녀는 조금도 불쾌한 내색 없이 "네, 그래요, 어머니. 저도 그렇게 생각합니다." 나는 그녀와 시모의 손을 잡으며 함께 붉어진 눈망울로 우리는 헤어졌다.

손꼽아 보니 어느새 52년이 지난 내 기억 속에 그들의 모습을 되새기며 글 한 점을 건지고 보니 내 맘 뿌듯하다. 오늘날 그들은 어디에서 어떠한 삶을 살아가고 있을까? 그들도 나를 잊지 않고 있겠지 하는 생각에 새삼 행복한 마음이 들었다. 그 후로도 나는 살아오면서 이런 방법으로 고부간 갈등을 세 집이나 해소시켰다. 회고해 보니 참 좋은 일을 했구나 싶어 자신에게 박수를 보내며 미소를 짓는 노파! 행여 이 글이 그들에게 발견 된다면 바로 전화가 오겠지 하고 실낱같은 기대를 해보련다.

2018년 12월 14일(금)

생쥐 한 마리

TV에서 어느 개그맨이 나와 한 이야기이다.

어느 날 개그맨 사무실 바닥에 죽어있는 어미 쥐 한 마리를 발견하는 순간 그는 무서움에 벌벌 떨었다며, 진땀까지 주룩주룩 흘리며 삼일간 고통이 컸었다고 한다. 여자도 아닌 남자로서 그야말로 덩치에 어울리지 않는 이야기였다. 그는 쥐를 보는 순간 정신 마비가 되는 양 말문까지 막혀 눈짓과 고개짓으로 옆에 있는 여가수에게 알리자 "오빠, 장갑 어디에 있어?" 하며 그녀는 겁도 없이 죽은 쥐를 재빨리 처리해 버렸다고 한다.

그들의 이야기를 들으며 나는 고만 온몸에 소름이 함박 돋았다. 장갑 낀 손으로 죽은 쥐를 덥석 집어버린 상상에 소름이 끼쳤다. 이 순간 문득 떠오르는 것이 있었다. 새댁 시절에 생쥐 한 마리에 놀랐던 일이 주마등처럼 스쳐졌다. 남편 직장 따라 파주 사택에서 신혼살림을 시작했다. 결혼한 지 3개월 된 새댁으로 집안 꾸미기에 여념이 없었을 때였다. 어느 날 다락방에 올라가 정리를 하고 있는데 남편은 직장에 함께 근

무하는 이 수의사와 방에서 커피잔을 나누고 있었다. 그는 담배 한 개비를 손가락 사이에 낀 채 자리에서 일어서며 "성냥갑 좀 주세요." 하며 내게로 다가섰다.

성냥갑이 어디 있나? 하며 두리번거리는 내게 "바로 뒤에 있네요." 나는 성큼 성냥 곽을 집어 그에게 주었지만 그는 받지 않고 "성냥개비가 들어있나 확인을 하고 주셔야죠." 아무 생각 없이 성냥갑을 밀어보니 이게 웬일인가! 눈도 뜨지 않고 털도 나지 않은 갓 태어난 빨간 생쥐 한 마리가 들어있었다. 나는 그만 으악! 소리를 지르며 손에 들고 있던 성냥갑을 그대로 바닥에 팽개치며 정신을 잃었었다. 그 이후 성냥갑 안에 빨간 생쥐는 내 머리에서 지워지지 않고 밤낮으로 잠들기 전까지 나를 괴롭혔다.

알콩달콩 신혼 생활에 푹 빠져있던 내게 그야말로 초를 쳤다고나 할까, 수개월 동안을 너무 고통스러웠기에 서울에 올라가 원남동 부근에 있는 모 한의원에 들려 한약 한 제를 지어 달여 먹었다. 쥐라는 놈은 호랑이보다도 더 무서워했었던 나, 내가 쥐띠라서일까? 유난히 장난기가 많았던 이 수의사, 그는 내가 쥐를 몹시 무서워하는 것을 잘 알고 있었기에 나를 놀래 주려고 장난삼아 저지른 일이 그토록 큰 사건이 되고 말았다. 나는 이토록 뜨거운 경험이 있었기에 누구를 놀라게 하는 일은 정말 삼가야 할 일이다 싶다. 그가 이 사실을 알면 한

직장에서 마음 편치 못할까 싶어 우리 부부는 내색도 못했었다. 수십 년이 지나도록 한 번도 떠오르지 않았던 그날의 악몽이 TV를 보면서 다시 기억나게 되었다.

  아~ 세월 참 빠르기도 하네. 어느새 47년이란 긴 세월이 흘러버렸다. TV에 출연한 개그맨 덕분에 까마득하게 잊었던 지난 추억들이 몽글몽글 피어올라 되새기게 되었다. 이제 흰머리 소복하게 인 내가 지난 풋풋했던 새댁 시절의 추억들이 떠오르게 되니 감회가 새롭다고나 할까!

                                                2011년 1월

그녀의 빠른 쾌유를 빌며

최현희 시인(좋은 나라 유치원 원장)

　가을 햇살의 페달을 밟고 벼이삭이 익어가는 황금 들판을 지나 코스모스 한들거리는 흙길을 그녀와 둘이서 거닐고 싶다. 지난 6월 종강을 일주일 앞두고 나의 단짝인 정기숙 아우가 위암 수술을 받았다고 알려왔다. 너무나 뜻밖의 일인지라 놀라 정순자씨와 박영민씨 차로 삼성 병원으로 달려갔다. 병실을 찾아가보니 운동을 나갔다하여 조금 기다리고 있는데 핼쑥해진 얼굴로 딸의 부축을 받고 들어와 침대에 눕는다. "언니, 그리고 갑장과 영빈씨, 바쁘신데 와주시니 너무 고마워요" 하며 눈시울이 촉촉해진다. "무슨 소리야, 당연히 우리가 와야지, 영빈씨 때문에 바로 쉽게 찾아왔지" 암 부위가 얼마나 심했으면 삼분의 이를 잘라냈다고 한다. 그 말을 듣고 얼마나 고통스러워 했을까 싶어 그녀의 손을 꼭 잡아 주었다.

　종강 전주에 수술 날을 받은 상태에서도 학교에 나와 천연스럽게 수업을 마쳤다. 점심시간에 김밥 한 줄을 절반만 먹고 남겨 놓았다. 나는 영문도 모르고 "왜 그만 먹어, 다 먹지?"

"언니 소화가 안돼서 그래요" 한다. 종강 날 그녀가 나오지 않아 전화를 걸어본 다음에야 알게 됐다. 그녀는 평소에 아무런 자각증세도 보이지 않았다는데 건강검진 때 내시경 검사를 하는 과정에서 알게 되었다고 한다. 환자복을 입은 핼쑥한 모습이 애처로워

"요즘은 의술이 발달되어 금방 회복 될 테니 힘내고 조리 잘 해요."

"알았어요, 언니 고마워요"

밀린 이야기도 다 못하고 우리는 병원을 나왔다.

정기숙 아우는 '문학의집 서울'에서 행사할 때마다 만나 서로 반갑게 인사하고 지냈던 사이다. 2006년 1월에 '수필과 비평사'에서 이화수필 문우들 세 명이 신인상을 받는 관계로 그곳에 갔었다. 그 많은 사람들 중에 정기숙 아우가 바로 우리 팀 옆 테이블에 앉아있었다. 서로 알아보고 포옹을 하며 반겼었다. 그녀는 이번에 「빨간 구두의 신부」라는 수필집을 내어 상을 받기 위해 온 것이라 했다. 그곳에 만남이 우리들의 새로운 인연의 고리가 된 셈이다. 다음해 9월 이화여대 평생교육원 생활수필반에 등록하여 같은 반이 되었다. 수업이 끝나면 교수님과 함께 우리 차에 동승하여 지하철 경북궁역에서 하차하곤 했었다. '문학의집 서울'에서도 그녀와는 반드시

내 짝이 되어 함께 다니게 되었다.

 2006년 이화수필문학회의 동인지도 함께 냈다. 취향이 비슷하여 틈만 나면 인사동 거리도 팔짱을 끼고 요것조것 구경도 하며 3년여를 함께 다니면서 문학행사가 있는 날은 어김없이 함께 다녔었다. 우리들의 우정은 날로 두터워져 매일 만나지 않으면 서운할 정도가 되었다. 요즘 나는 끈 떨어진 두레박처럼 어디를 가도 옆구리가 시리고 쓸쓸해 무엇인가 잊은 듯한 느낌이다. 허전하다. 누가 먼저랄 것 없이 전화를 걸거나 그녀에게서 걸려오면 어제 만났으면서도 오랜만인 것처럼 서로 반겼다. 어떤 대화라도 서로가 긍정적으로 주고받는다. 소박하고 정갈한 그녀의 매력은 또 있다. 같이 팔짱을 끼고 다니면서도 "언니 난 참 꾀보라우" 하면서 자지러지게 웃는 모습이 귀엽기만 했다. 그뿐인가 1박 2일로 여행을 할 때도 함께 잠을 자고 식사할 때도 우리 둘이는 단짝이었다. 사귄지는 그리 오래되지 않았지만 서로가 뜻이 잘 통해서 우정을 유지해 왔었다.

 그녀의 와병 중에 이화수필문학회에서 동인지 제5집을 내게 되어 나는 그녀의 수필 세 편을 컴퓨터에 다시 찍어 편집장에게 보내주었다. 그럼에도 왠지 나는 짝 잃은 기러기처럼 쓸쓸하고 허전하기만 했다. 그 소식을 듣고 언니가 나를 그렇게 생각했다는 사실이 눈물겹도록 고맙다고 전화로 그 감동을 전한다.

　이제 항암치료를 거의 끝내고 수유리 집에 왔다고 했는데 갑자기 배가 아파서 응급실에 왔다고 한다. 걱정되어 다음 날 다시 전화를 했더니 먹지 못해서 영양제를 맞는다고 했다. 아무래도 증세가 심상치 않아 병원에 가기 위해 아들이 모시러 왔다고 한다. 그녀는 딸 둘과 아들을 두고 있었다. 딸들은 가끔 다니지만 줄곧 시어머니를 간병하는 며느리가 얼마나 힘이 들고 지쳐 있을까?

　요즘 같이 핵가족 시대임에도 이집 며느리의 시어머니의 대한 정성은 정말 칭찬해주고 싶다. 암수술 중에도 위암이니 먹는 것이 순조롭지 못하고 입맛이 없어 먹는 일이 가장 힘이 든다고 한다. 하루에 여섯 번씩 구미에 맞게 해 주기란 결코 쉬운 일이 아닐 텐데, 그 며느리 정성에 다시 한 번 고맙게 생각한다. 금년 팔순을 지낸 그녀의 남편은 수유리 집에서 몇 달 동안을 병원으로 아들 집을 오가며 혼자 끼니를 해결하신다. 딸들도 수시로 와서 어머니를 돌본다. 온 가족이 환자 시중에 무척 힘들고 바쁜 생활을 하고 있다.

　내 사랑하는 친구 기숙 아우를 위해 나는 별로 해 준 것 없지만 바쁘다는 핑계로 전화나 걸어 소식만 들을 뿐. 미안하고 안타까울 뿐이다. 이제 항암치료가 끝났으니 차츰 좋아 지기를 기대하며 황새목을 길게 빼고 그녀가 병에서 완전히 회복하는 날이 오면 다시 팔짱을 끼고 다니기만을 기다린다. 아침저녁으로는 제법 쌀쌀하고 한낮에는 더운 편이다. 단풍철은 절정에 올라 각처에서 유혹하고 있지만 그녀가 내 곁에 없어서 단풍 구경도 가지 못하고 있다.

2008년 10월

어찌 이 날을 잊을 수 있으랴

2005년 1월 19일

　분당 아들네 집에서 고구마를 가스 불에 올려놓고 근처에 사는 딸에게 전화를 했다. 고구마 먹으러 오라고. 잠시 후에 현관에 들어선 딸 '엄마, 어떻게 이런 일이 있을 수 있을까?' 왈칵 울음을 토하며 뒹군다. 가슴 철렁해진 나,
"얘야, 무슨 일이야, 김서방이 바람났냐?" 아니라고 고개를 돌리며 흐느끼는 딸! 뜻밖에 이게 웬일인가, 그야말로 마른하늘에 날벼락이라고나 할까 회사가 부도가 나 집 두 채가 넘어가게 되어 시댁으로 들어가게 되었다니 현실로 믿기에는 너무나 가혹했다. 며칠 후에 이사하는 날, 떨리는 심정으로 어떻게 이삿짐을 챙길까, 복 받치는 설움을 어찌 달랠꼬. 37년 동안 온실 안에 화초처럼 살아온 내 딸 이제 고생길에 들어 살아갈 생각에 어미 가슴은 찢어질 것만 같았다. 앉지도 서지도 못한 채 안절부절 수화기를 들었다 놨다 헤아릴 수 없는 절망, 날씨마저 냉혹했다.

나는 괴로움을 달래기 위해 일거리를 찾았다. 손자 녀석의 더럽혀진 잠바를 따뜻한 물에 세제를 풀어 담그고 집안 청소를 시작했다. 헉헉대던 분노가 다소 차츰 가라앉을 무렵 다시 수화기를 들어보지만 받지 않는다. 눈물콧물 흘리며 이삿짐 챙기는 딸의 모습이 눈앞에 아른댄다. 갑자기 목구멍에서 또 뜨거운 열기가 차올라 냉장고 앞으로 뛰어가 얼음물 1컵을 벌컥벌컥 그제야 정신 번뜩! 마치 꿈을 꾸고 있는 것만 같았다. 물질적 고통을 전혀 모르고 살아온 딸. 12년 결혼 생활 역시 능력 있는 남편을 만나 행복했었는데 이 큰 충격을 어찌 극복하랴! 차라리 들꽃으로 자랐더라면 이런 위기에 참고 버티는 힘이 보다 낫지 않았을까 하는 엉뚱한 생각도 했다.

신경을 써서인지 시야가 가물대어 소파에 기대어 잠시 눈을 감고 안정을 취하는 사이에 잠이 사르르 '능력 있는 남편이 있지 않은가' 하며 긴 단장을 짚은 흰 수염이 길게 달린 노인이 소리치며 빗자루로 내 다리를 후려치는 게 아닌가. 비몽사몽 중 눈을 번쩍 뜨는 순간 그래! 바로 좋은 일이 있을 거야 하며 중얼댔다. 꿈속에 나타난 그 노인의 말에 극하게 달아올랐던 심장이 다소 안정을 찾았다고나 할까, 사람의 마음처럼 간사한 게 없다는 말이 실감났다. 나는 소파에서 벌떡 일어나 내 마음을 다독이는 힘이 생겨 차츰 안정을 찾게 되었다.

딸, 결혼 생활 12년 동안 지켜본 장모, 사위의 별명은 꿈속에 나타난 노인의 말대로 '능력자'였었다. 그러나 젊어서 고생은 사서도 한다는 말이 있지 않은가. 너희들 연령에 결혼하지 않은 사람도 많이 있다며 위로를 했다. 가정이 화목해야 바로 일어설 수 있다고 너의 남편을 원망하지 말라고 딸을 만날 때마다 알아듣도록 당부를 했었다.

인생사 어찌 평탄할 수만 있으랴, 일평생 살아가자면 절망적일 때 그 고통이 성숙해지는 과정이라고 생각한다. 나의 바람대로 잘 지켜가는 딸, 만날 때마다 우울한 표정 없이 밝은 낯으로, 그러나 속마음인들 오죽하랴.

다행인 것은 실패한 지 3개월 만에 수학테스트에서 수학 강사 50명 중 1등으로 강사 자리에 서게 된 딸, 그 화려했던 생활이 갑자기 바뀌었어도 조금도 울적한 내색 없이 살아가는 딸이 고마웠다. 손녀 지민이의 발랄한 성격과 우수한 학업 성적이 엄마 아빠의 기를 살려주게 된 것은 아닌지!

그간 능력자 꼬리표가 떨어져 있던 사위는 이 불황 속에서도 부도난 지 10개월 만에 다시 입사하게 되었다. 과연 그는 능력자라고 우리 부부는 기뻐했다. 2년 만에 다시 둥지를 틀게 되었으니 그간 쓰리고 아픈 고통들이 밑거름이 되어 오순도순 화목한 분위기 속에서 함박꽃이 집안에 가득 피어오르리라.
　고난의 기간 동안 인간은 성숙해진다는 사실을···.

　　　　　　　　　　　　2005년 1월 19일

우리의 인연

우리는 문학으로 이어진 인연이었다.

이화여대 평생교육원, 김상태 교수님께 나와 같은 반에서 생활수필 공부를 한 최현희 작가는, 덕성여대 평생교육원 시 공부에서도 역시 같은 반 짝꿍이었다. 수업을 마치고 나면 옛 공예품을 감상할 수 있는 인사동 거리를 누비는 취미도 같았기에 우리는 더욱 즐거웠다. 그 많은 문우들 중에 우리는 의사소통이 남달랐다고나 할까 오랜 문단생활 함께 하다 보니 서로가 허물없는 사이가 되어버렸다. 어느 곳에서나 서로 의지했고, 그분의 자상하고 다정다감함에 나는 그만 반해버렸다.

문학여행을 할 때마다 항상 한 침대에서 뒹굴며 깔깔대는 만만한 우리 사이, 어느 곳에서나 나를 챙겨주는 그 분의 배려 정신, 꾀보인 나 어찌 고맙지 않으리. 우리는 피를 나눈 자매도 아니건만 때론 친정엄마로 착각할 정도로 자상하다. 내가 4년 전에 위 수술 하고 항암치료에 지쳐 있을 때 음식을 전혀 먹지 못할 무렵 현미죽 한 들통, 기사 손에 들려 현관에 들어셨던 일이 있었다. 어디 그 뿐인가, 때론 담백한 소고기 시금치죽, 어느 때는 소고기 미역죽 등 푸짐하게 내 입맛에 맞게 이토록 신경을 써준 내 짝꿍. 얼마나 고맙던지 어찌 말로 다 표현할 수 있을까. 그저 고마울 뿐! 지난 일 되새기다보니 감격하게 되는 것을….

어느 날 최선생댁을 방문하게 되었다.

딩동댕 인터폰을 누르자 현관문을 열며 반겨주는 그는 집에서도 역시 깔끔하고 아름다운 여인의 자태였다. 현관 입구에 많은 석조가 멋지게 진열되어 있었다. 거실에 올라가보니 내 눈이 황홀했다. 와~ 마치 박물관에 들어선 기분이었다. 헤아릴 수 없을 만큼 고급진 물품들이 그 넓은 거실에 빼곡히 우아하고 멋스럽게 진열되어 있었다. 어떻게 이 많은 물품을 구입했을까? 놀라움을 금할 수 없었다. 방 역시 깔끔하게 정리정돈된 것이, 완벽한 그분의 살림살이였다. 식탁에 차려 놓은 푸짐한 음식을 보고 그의 부지런함과 건강함을 볼 수 있었다. 감히 누가 따를 수 있으랴. 고령임에도 조금도 지치지 않고 항상 생동감 넘치는 자태와 고운 인간미의 여인이다.

그분은 모든 복을 타고났다 싶다. 우선 남편 복, 자식 복(사남매), 재물 복, 화목한 가정 생활, 그는 도대체 어디에 복이 들었을까? 이만하면 살맛나는 세상이겠지. 그러나 그는 절대 교만하지 않고 자신을 낮추는 어질고 착하고 겸손한 분이다. 그 댁에 가면 항상 내게 맞는 먹거리를 마치 친정 엄마가 딸을 챙겨주듯 양손에 무겁게 들려주는 그분의 정성, 내 어찌 그분을 잊을 수 있으랴. 우리는 항상 함께하는 변함없는 동지, 그러나 우리도 사람인지라 오랜 문단 생활 하는 중 그 많은 날에 항상 좋을 수만은 없겠지. 사소한 일에 때론 서로가 꾸지람이 있을 때면 우리는 이유를 따지지 않고 그 자리에서 바로 용서를 하고 서로가 자존심 내세우지 않는 것, 그러기에 우리의 우정은 식지 않는 것이 아닌가. 바다와 같은 넓은 그분의 이해심, 부처님께서 맺어주신 인연인 것 같다고 우리는 말했다.

이제 점점 마음 약한 어린이가 되어가는 우리의 삶이 아닌가. 누구나 거쳐야할 과정이겠지. 피할 수 없는 그런 삶 속에 그래도 다행인 것은 취향도 비슷하고 뜻이 잘 맞는 같은 길을 걸어가는 짝꿍이 있기에 외롭지 않고 행복한 노후의 삶이다 싶다. 이 세상에 제일 견디기 힘든 것이 외로움이라 한다. 문득 내 머리에 스쳐지는 괴테 문장 중 "인간은 태어날 때부터 뼈와 살, 피가 묻어나오듯, 고독도 함께 묻어 나왔다."는 말이 있다. 늙고 보니 고독이 끼어들지 않게 서로 뜻이 맞는 벗이 있다는 것. 정말 기쁨이 아닐 수 없다. 어느 시인의 말을 또 되새겨본다. "노후의 좋은 인연이란 보물을 얻는 것"이라고 했다. 같은 길을 걷고 있는 나의 짝꿍 최선생, 사는 그날까지 변함없는 우정과 겸허한 시인의 자세로 살아갈 것을….

2012년 2월

밀려나는 언어들

굴른돌 밝힌돌을 뽑는다는 지방속담
의견은 오피니언 경제는 이코노미
거리에 걸린 이름도 영문자로 변하네

우리말 바람타고 맥없이 물러난다
하늘의 구름 띄워 단비로 막아볼까
빗물은 꽃들의 힘 되어 푸른 내일 되겠지

- 이병준 시조 '밀려나는 언어들'

 내가 이 시조를 좋아하는 이유는 시대 흐름에 적절한 표현이라 눈길이 갔기 때문이다. 현 사회는 우리말을 멀리하고 영어로 주고받는 것이 오히려 더 자연스러운 세상이 되고 말았다. 나이 많은 늙은이들은 매사 하루가 다르게 변화되어 이 사회에 살아가기 힘든 세상이라고들 한다. 상가에 내건 간판은 영어로 쓰지 않으면 품위를 잃기나 하는 듯 하다못해 APT 이름까지 영어로 모두 바꿔 놓아 자식들 집 찾아가기가 곤혹스럽다는 노장들의 불만도 많다. 누구든 영어만 잘하면 어디

가서나 기죽지 않는 세상이 되었다.

　세종대왕은 1397년 4월 10일(양력 5월 15일) 경복궁 서쪽 인왕산 기슭 운수 방에서 태어나셨고 어려서부터 성품이 어질고 책을 즐겨 읽었다고 한다. 다 아는 사실이지만 세종대왕은 왕위를 계승하여 위대한 성군으로 역사에 기록되어 있으며 백성들을 위해 한글을 창제하셨다. 오늘날에는 우리 한글의 우수함을 세계적으로 인정받고 있다. 그럼에도 정작 우리 국민들이 그 소중함을 깨닫지 못하고 있는 듯해서 안타깝다.

　이병준의 이 시조는 우리 한글이 영어로 침식당하고 있는 현실에 대한 안타까움이 배어 있는 작품이어서 공감하며 좋아하고 있다.

2013년 10월 14일(월)

경주 문학 기행(한국여성문학인회)

한국여성문학인회 봄나들이 우리는 서둘러 차에 올랐다. 한분순 이사장님을 비롯하여 문인 선후배 다정다감한 정겨운 미소 모두들 행복해하는 모습들이었다. 차창 밖에 맑은 햇살 아래 벚꽃이 휘날리는 아름다운 풍경 우리들의 기쁨을 더하게 했다.

대전 한국 원자력 안전 기술원에 들려 기관 업무에 대한 설명을 2시간을 들었다. 원자력은 무엇보다 안전이 필요하다고 다른 업무와 달리 세심한 관찰이 필요하다고 느꼈다. 동영상으로 본 직원들의 뜨거운 열정으로 관찰하는 모습을 보며 저런 분들이 있기에 우리는 안심하고 살아갈 수 있다는 것을 그분들 노고에 장함을 느끼며 박수를 보냈다.

차창 밖에 휘날리는 벚꽃, 마치 꽃비가 내리는 가로수 길. 우리 모두 환호의 목소리 황홀한 분위기 속에 경주국립중앙박물관에 들어섰다. 성덕대왕신종(국보 제29호)과 고선사터 삼층석탑(국보 제38호)을 비롯하여 경주 일대의 절터와 궁궐터에서 옮겨 온 석탑, 석불, 석등, 석조 등등 다양한 문화재를 전시하고 있다. 경주 대릉원을 조성하여 역사관광 자원으로 활용하기 위한 신라 무덤을 발굴했다. 박물관 관람을 마치고 숙소로 향해 경주 콩코드호텔 819호실에 짐을 풀고 단정하게 옷을 갈아입은 우리 일행은 안압지로 향했다.

어둠이 내린 밤거리. 안압지에 들어선 젊은이들의 활기찬 발걸음 부러웠지.

최현희 시인과 정기숙은 서로 의지의 팔짱을 끼고 행여 넘어질세라 조심스러운 발걸음을 옮기며 아름다운 풍경에 도취해버린 우리, 호수에 비쳐진 찬란한 모습에 황홀했다. 사진 찰칵, 몸은 비실대지만 마음은 만년 소녀(81세, 79세). 우리가 언제까지 이렇게 함께할 수 있을까? 하며 더듬더듬 안압지를 한 바퀴 돌아나왔다. 피곤한 몸으로 숙소에 들어와 깔끔히 샤워하고 침대에 다정하게 누워 도란도란 이야기꽃을 피우다 꿈속으로.

다음 날 토함산을 향해 달렸다. 감은사지 3층탑이 마주보고 서있다. 푸른 잔디밭에 앙증맞은 예쁜 노란 민들레꽃과 흰 민들레꽃이 삼박한 모습으로 우리를 반긴다. 어찌나 예쁘던지 고개를 다소곳이 숙인 노란 민들레꽃은 수입이라 하고 고개를 든 흰 민들레꽃은 우리나라 꽃이라 한다.

고려 삼국을 통일한 문무대왕의 능, 동해 양북면 봉길리 바다에 검은 바위로 능 옆에는 해초를 팔고 있는 장사꾼들의 손길이 바빴다.

여행객이 많이 모여든 이곳 문무왕께서는 외롭지 않으시리라.

월성 원자력본부에 들어섰다 서경선 차장의 설명을 들었다. 이곳은 역사문화 과학도시의 문화라며 직원이 2800명이라고. 그는 우리들의 피곤함을 헤아린 듯 지루함 없이 간략하게 맛깔스러운 설명 모두들 좋은 강의였다고 기뻐했다.

음천 마을 폐기물 환경 관리 센터

방사선 폐기물 동영상으로 보며 많은 것을 느끼게 했다. 언젠가는 공해 없는 사회가 되기를 기대해본다. 이렇게 발전되어가는 우리 사회 장하다고 느끼며 돌아섰다.

주상절리에 도착하여 푸른 바다를 옆에 끼고 봄 햇살 머리에 인 채 헉헉대며 정상에 올라섰다. 등골에 촉촉이 흐른 땀 가쁜 숨을 몰아쉬며 푸른 바다를 바라보니 어느새 펑 뚫린 시원한 가슴 속 콧노래 흥얼대며 힘들게 비탈진 산길을 조심스럽게 내려왔다.

감포 주상절리에서 해초 해물국수로 맛있게 점심을 들고 푸른 동해바다와 곳곳에 많은 추억거리를 가슴에 품어 안은 채 오후 2시 20분에 서울로 향했다.

1박 2일 봄나들이 선후배 문우들의 우정이 보다 돈독해진 알찬 경주 문학 기행이었다.

2014년 4월 8~9일(한국여성문학인회 경주 문학 기행)

싱가포르 여행

　1996년 2월 21일, 환갑을 맞이하여 떠난 싱가포르 여행. 기내에서 아몬드위스키 한잔 쭉~ 이런저런 상념에 젖어든다. 무엇보다도 우리 부부 바쁜 일정을 뒤로 하고 꼭 해외여행을 해야만 하나? 머리에 스치는 순간 그래, 몇 년 전부터 자식들이 계획했던 일이고 성의를 생각해서라도 즐거운 마음으로 여행하리라 마음먹었다.

　어느새 방콕에 도착해보니 한국의 여름 날씨였다. 가무잡잡한 피부의 태국인들은 건강미가 넘쳐 보인다. 방콕을 거쳐 오후 7시 20분에 목적지인 싱가포르에 도착했다. 도착할 때까지 남편은 손에서 책을 놓지 않고 있다. 그 집중력에 놀라우면서도 한편 짜증이 난다. 재미머리라곤 없는 사나이! 우리는 마리나싸우스 식당에서 저녁을 먹고 버스에 올라 뉴오타니 호텔로 향했다. 숙소에 짐을 풀고 나니 피곤했던가 깊은 잠에 빠졌다.

　둘째 날

　우리 부부는 잠에서 일찍 일어나 깔끔하게 단장을 하고 지

하 식당(뷔페)에 들어섰다. 넓은 공간에 깔끔한 분위기 안내자들의 친절함에 우리 일행은 기분 좋게 아침 식사를 하고 만다이 공원으로 향했다. 싱가포르에서 가장 유명한 꽃 공원을 걸었다. 언덕 전체가 꽃으로 뒤덮인. 어쩌면 저토록 꽃을 잘 가꾸었을까? 여기저기서 감탄소리가 메아리친다. 천식이 있는 나는 맑은 공기에 호흡이 가벼웠고 곳곳에 우뚝 서 있는 건물들이 참 멋지다. 싱가포르 나라는 큰 건물들을 같은 모양으로 짓지 못하게 되어있어 모두가 디자인이 달랐다. 현대, 쌍용에서 지은 건물이라는 가이드 말에 나는 한편 질투심이 난다 할까 우리 한국에도 저런 멋진 건물들이 우뚝우뚝 서있다면 얼마나 좋을까 하고 아쉬워했다.

악어농장에 들어섰다. 악어 수명은 100년, 악어는 꼬리에 힘이 세며 입안에 혀가 없어서 한번 물면 놓지 않는다고 한다. 몸집이 큰 긴 악어는 3m 정도가 되며 악어는 밤새 활기차게 놀며 빛깔은 쥐색과 누런색이 있다. 안내자의 자상한 설명에 악어에 대한 궁금증을 모두 헤아리게 되었다. 싱가포르는 쌀과 곡식이 생산되지 않기 때문에 관광수입에 의지할 수밖에 없고 남의 나라 물건을 가공하여 살아간다. 인구는 300만 명, 나라는 크지 않지만 오붓하게 잘 꾸며져 있고 엄격함이 있었다. 거리 질서를 위반할 경우, 하다못해 손에 쥐고 있던 휴지를 거리에 버리면 중한 처벌을 받는다고 한다. 그래서인지 싱가포르는 거리 질서나 들리는 곳마다 놀랍도록 깔끔했다. 나는 가이드에게 질문을 했다. 이토록 깔끔한 이유를… "앞서 대통령이었던 이 광요 대통령 때문이죠." 책상 위에 놓인 것들조차 비뚤게 놓은 꼴을 못 보는 깔끔한 대통령이었다고 한다. 그 물이 흐르고 흘러서 오늘날의 싱가포르는 깔끔한 아름다운 도시국가라고 한다.

주롱 조류공원으로 버스는 향했다. 새 종류가 600종, 8,000마리의 새들이 살고 있다. 이름 모를 예쁜 새들이 재잘거리며 우리를 반겨주는 듯 주변에 울창한 푸른 숲들은 싱그러웠다. 나뭇잎들은 마치 참기름을 발라 놓은 듯 윤기 자르르… 맑은 공기에 먼지 한 점이 없다. 공해가 없는 맑은 공기가 어찌나 부럽던지 우리 모두 감탄하며 공원을 돌아 나왔다.

한국인이 운영하는 식당에 들어섰다. 식당 주인은 같은 민족이라는 점에 포옹까지 하며 우리를 반갑게 맞이해 주어 나는 콧등이 시큰했다. 도대체 돈이 뭐길래 낯선 타국 땅에서 저토록 고생하며 외롭게 살아갈까? 점심을 먹고 나오다 다시 들어가서 나무젓가락 두 매를 기념으로 얻어가지고 나왔다. 왠지 섭섭해서 아직도 그 나무젓가락을 사용하고 있다. 한국사람이 운영하는 한의원에 들어선 우리 역시 같은 민족 동포

애로 여기저기서 반가움에 취했다.

 싱가포르 식물원에 들어선 일행. 와~ 늘씬한 푸른 나무 푸른 잔디, 예쁜 꽃들을 어찌 말로 다 표현할까. 이 식물원은 비행으로 인한 수면장애를 벗고, 피로를 푼단다. 그저 그냥 잔디밭에서 백일몽을 꾸기에 좋은 장소로 알려져 있다. 싱가포르는 깨끗한 도시, 녹색의 도시, 정원의 도시 이렇게 세 가지로 불려진다. 도시 속에 공원이라고도 말한다. 센토사섬을 건너와 버스는 달리고 있다. 어디로 가는 걸까? 잡화와 패물이 있는 그곳에 들어선 우리 일행은 20명이었다. 진주목걸이 백 단위가 넘는 금액 주저 없이 구입하는 간 큰 여인들 정말 놀라웠다. 너도 사니, 나도 산다는 호기심에서 인 것 같다. 즐겁게, 깔끔한 싱가포르여행을 마치고 태국을 향해 비행기는 날고 있다. 새벽 1시가 넘어서 로이얼 스키드 샤레톤 큰 호텔에 도착했다.

 샤워실에 들어서보니 이게 웬일인가? 물이 매끄럽지가 않아 비누칠을 해도 거품이 일지 않았다. 그래도 목욕을 하고 지친 몸으로 침대에 누웠다. 이게 또 웬일인가? 천장에도 도마뱀, 벽에도 도마뱀이 꿈틀거리고 있다. 어찌나 징그럽던지 소름이 끼쳤는데 알고 보니 도마뱀은 파리와 모기를 잡아먹는다며 인간에게 도움을 주고 있다 한다. 태국을 막상 와보니 깔끔한 싱가포르를 거쳐 온 까닭에 모든 것이 껄끄러웠다.

셋째 날

호텔 1층 로비에서 일행 20명이 모였다. 젊은 두 여인이 우리 곁에 다가서며 "혹시 작가 선생님이시죠?" 하는 게 아닌가! 나는 너무 송구스러워 "아니에요" 했다. 우리 부부는 어딜 가나 메모하는 습관이 있기에 며칠동안 함께하며 계속 메모하는 우리 부부의 모습을 보고 작가로 본 모양이다. 메란강 수산시장, 배를 탄 일행, 강물은 흙탕물이었다. 물속에 잉어들이 펄럭이며 수상가옥에 살고 있는 주민들이 가엾게 보였다.

흙탕물에서 빨래를 하며 생활해 나가는 여인들 모습. 우리 일행은 뱃놀이를 마치고 부근에 있는 새벽 사원이라는 절 구경을 했다. 가지각색의 사기, 꽃무늬, 탑 모양으로 지어진 큰 절이었다. 태국에는 절이 많았고 모두 화려하게 꾸며진 절이었다. 우리는 몇 군데 절 구경을 하고 버스에 올랐다. 오늘 점심은 최고로 좋은 식당으로 모신다고 가이드가 말한다. 알고 보니 왕비 생일잔치하는 호텔에서 식사를 했다. 홀 안은 정돈이 잘 되어있고 음식도 좋고 우리 모두 웃음꽃을 피우며 점심을 먹었다.

쇼 구경을 했는데 알록달록 화려한 옷차림에 재빠른 율동은 구경꾼들의 흥미를 돋웠다. 한국의 민요도 열 명이 장구를 메고 춤추는 모습에 콧등이 시큰해진 나, 쇼 구경을 하고 밖에 나와 보니 그새 어둠이 내려 한국인이 운영하는 음식점으로 안내를 받았다. 오늘 저녁은 열무김치에 고추장을 넣어 썩썩 비며 먹으리라 했는데… 가이드는 나의 생일을 축하한다며 케익과 촛불까지 마련한 게 아닌가! 아니, 내 생일을 어찌 알고 이렇게 까지. 우리 일행 20여 명의 생일축하곡의 아름다운 화음은 내게 큰 감동이었다. 여러 사람들이 생일까지 챙겨준다는 사실에 감격했던 나, 이국땅에서 케익에 촛불까지 켜고 박수를 받았으니 영원히 추억으로 남을 것이다. 우리는 파타야 로얄클럽리조트 호텔에 들어섰다. 자리에 누워 머리에 맴도는 예쁜 손자 영준이의 모습을 떠올리며 깊은 잠에 빠졌다. 눈을 떠보니 날이 밝았다.

넷째 날

오늘은 수영복을 입고 배를 탔다. 산호섬 푸른 물결 일렁이는 물속에 들어가 수영을 하는 사람, 낙하산을 타고 하늘을 날으는 사람. 겁쟁이 우리 부부는 낙하산을 타고 싶은 호기심은 있었으나 결국은 포기하고 말았다. 바닷물이 맑고 온도가 적당하여 수영하기에 알맞았다. 40분 동안 수영을 하고 숙소에 들어와 샤워한 후 1층 로비에서 일행과 함께 한양가든 야유회에서 즐겁게 대화 나누고 호텔로 돌아왔다. 첫날은 서로가 서먹했지만 며칠 사이에 정이 들었다 할까 가이드는 내 곁에 다가서며 귓속말 소곤소곤, 두 분은 젊은 신혼부부 같으세요. 의상이 참 멋있어요 한다. 비록 회갑 여행이지만 제2의 신혼여행으로 생각하고, 젊은 신혼부부처럼 우리 부부는 커플 옷을 입었다. 수용복도 역시 커플 주위의 시선을 한 몸에 받았으니 스타가 된 기분이었다.

다섯째 날

호텔 벤치에 앉아 푸른 바다를 바라보며 주변에 예쁜 꽃들과 눈맞춤하면서 재치 있는 가이드 말에 귀 기울이게 되었다. 태국 사람들은 모든 일에 조바심을 내지 않고, 오늘 못하면 내일 하지 하는 느긋함으로 살아간다고. 한국인과는 영 다른 점이었다. 태국인들은 15~18세가 되면 부모 동의 없이도 결혼 할 수 있단다. 태국의 스님들은 맨발로 다닌다는 그 이유는? 살생될까 조심스러워서라고 한다. 태국남자들은 여러 여자를 거느리는 편인데 큰 부인이 알아도 이해가 많다고 한다. 입담 좋은 가이드 덕분에 태국 문화에 대해 많은 것을 알게 되었다. 끝으로 너무 마음 아픈 사연을 들었다.

어느 한국인 젊은 청년은 돈 좀 벌어보겠다고 태국에 들어가서 살다가 자기 생일날 음식점에 들어가 술 좀 달라고 하자 술은 팔지 않는다는 말에 한국 청년은 음식점 사람(중국인)과 시비 끝에 주인을 한 대 때렸다. 그야말로 벌집을 건드렸다 할까 그 순간 주방에 있는 사람들이 식칼을 들고 나와 술 좀 달라는 한국 청년을 찔러 죽였다는 이야기를 들었다. 남의 나라에 가서 그 나라 문화에 따르지 않았기에 목숨까지 잃은 점 정말 안타까웠다. 어디를 가나 그 곳 문화에 잘 따라 생활해야 됨을 깨우치게 하는 이야기였다. 우리 일행은 여행을 잘 마치고 쨀스 백화점에 들러 가족들의 선물 보따리를 챙겨 들고 한국 비행기에 올랐다. 이번 여행은 싱가포르, 태국 2개국 문화를 체험한 뜻깊고 즐거운 해외 회갑 여행이었다.

                                      1996년 2월

시 1부

일주기

일주기

아내 정기숙

그대와 이별한 지 어느새
일주기가 되었습니다
당신의 사랑을 받으며 살아온
우리 가족 숙연한 맘으로
모두 당신 앞에 섰습니다

꽃샘추위에 파릇파릇 새싹 돋아나고
곳곳에 흰 매화 꽃댕기 너울대는
화사한 진달래 개나리 벚꽃들의
활기찬 꽃봉오리 터트리는 소리

더욱 그대 모습 그려지는
그리워지는 계절입니다
그대는 극락세계에서
평화롭게 잘 지내시리라 믿습니다

속세의 당신의 아내 정기숙

삼남매의 지극한 효심으로
많은 위로를 받으며
몸 안에 진액이 빠지도록 빈약했던 건강도
회복이 되어가고 있습니다

그대의 보물 손녀 김혜윤, 손자 최영준, 최석준
학업에 최선을 다하는 성실한 모습
또한 삼남매 가족들
내가 원하는 화목한 가정생활의 모습
이 모두가 최빈영 당신의 가피라 생각합니다

여보, 정성드려 차려진 며느리의 제상차림
맛있게 많이 드시고 안녕히 가십시오
부디 평온한 맘으로 편히 잠드소서!

  * 2019년 3월 22일 (음)2월 16일(금)
    분당 아들집 거실에서 밤 11시에

캠프파이어

화려했던 속리산 캠프파이어
아직도 내 가슴에 일렁인다네
무대 위에 올라
멋진 화음 멋진 율동에 취해버린
이화 급우들이여
밤하늘의 달과 별들도 놀라워하네

화합의 시간을 가졌던 그 순간
우리 모두 하나 되어
동심의 세계로 훨훨 날았던 그날 밤
둥근 원에 손 고리 빠질세라
까르륵 까르륵 웃음꽃 피우며
하늘 높이 이글이글 피어오르는
불똥 튀는 소리에
별들이 쏟아지는 여름밤이었네

솜방망이 불꽃 뒤흔들며

뜀박질로 원을 그리는
저 억척 노파 좀 보소
노파 점화에 더욱 황홀했었다네
아~ 화려했던 속리산 캠프파이어
아직도 내 가슴에 일렁이네

        2007년 8월 26일

침묵

침묵 속에
애틋한 눈빛으로
바라보던 모자

무겁게
말문을 여는 아들

어머니!
어머니는 좋은
남편을 잃으셨고

삼남매 우리는 좋은
아버지를 잃었네요

울먹울먹
그래, 자네 말이 맞네

내심 가슴을
쓸어내리는 모자

침묵 속에
지워지지 않는
큰 그리움이여

        2019년 4월 초봄 어느 날

깊어가는 가을

풍요롭게 펼쳐진
가을 들판
오곡이 무르익는
느른한 가을 햇살

가로수 길
가냘픈 몸매에
해맑은 예쁜
코스모스 길

하늘을 우러러
토해내는 고음의 발성
깊어가는 가을
길목에 서서

2018년 10월 15일

죽음

시인은 언젠가
이슬로 사라져도

내 이름 석 자는
아주 죽어
없어지지 않는다고

따스한 독자들
가슴 속에 영원히
지워지지 않는
씨앗이 되려니

시인은 죽음을
그리 슬퍼하지 않으리

      2017년 12월 30일(토)

꿈은 이루어지다

내 작품 삼남매만 데리고
1박 2일 나들이하고 싶었던
오래전 나의 꿈이었거늘

별 반응이 없기에
서운함을 한 자락 접어둔 채
잊고 살아오던 중

뜻밖에 그 꿈이
꿈틀꿈틀 이루어진 현실

그간 많이 쇠약해진 내 육신
달갑지 않았으나 그래도 내 안에
미련이 남았던가

중년이 된 삼남매에게
예쁜 잠옷 입히고 싶어

힘들게 챙겨들고
여행을 떠나는 늙은 어미

한편 서운함이 맴도는 것은
먼 곳에서 잘 다녀오라
손짓을 하는 그 양반
내 한쪽 옆구리가 시려오네

            2019년 8월 18일

이걸 어쩌나

가혹한 엄동설한 힘들게 극복하며
봄 향기에 실려 잉태를 한 난 줄기에
애기 꽃 봉우리 꼬물꼬물 여섯 자매
나날이 봉긋해지는 매력에
날이 밝아오면 발길이
그곳으로 향해지는 나
잘 잤어?
환한 미소로 박수를 보내주던

그러나 그 즐거움도 잠시 뿐
보다 좋은 위치로 화분을 옮기는 중
나의 실수 이걸 어쩌나
싱싱한 꽃대를 뚝! 꺾어 놓은
그 모습에 죄인인 듯
어미 난에게 미안함 솟구쳐
어루만지며 용서를 비는 노파
며칠 후면 화사하게 예쁘게

꽃봉오리 터트려질 것을

나의 별난 성격을 탓하며
힘들게 잉태를 한 어미 난은
얼마나 황당하고 허무했으랴
여섯 자매 꽃대를 들고 동동 거리던 나
미안한 맘으로 어미 난 옆에
정성들여 심어준 꽃대 제발 죽지 말고
힘찬 뿌리내려 다시 만나주렴 미안

2019년 5월 1일(수)

문학 기행(한국여성문학인회)

충북 속리산 법주사로 달리는 일행
싱그러운 오월의 푸르름은 문우들의 흥을
더욱 부추기고 있네
청주에 들려 한국도자기 본차이나 견학
청와대에 식기로 알려진 그 브랜드의 가치를 알아봤네

육영수 여사께서 김동수 회장을 청와대로 불러
국빈에게 자신 있게 내놓을 수 있는
품질 좋은 한국산 도자기 생산을 의뢰하여
최초로 젖소 뼈를 태운 가루 50% 함유한
본차이나 제품을 생산 전 세계로 수출
오늘날 글로벌 도자기로 명성이 높다 하네
명품 대상 13년 연속 1위라고 이토록 귀한
본차이나 도자기 커피세트와 커피 한 상자를
선물로 받은 우리 일행 감사한 맘으로 돌아섰네
태백산맥과 소백산맥 가운데 위치한

속리산 법주사에 들어선 문우들

우리의 시선이 끌린 것은 왼편에 모셔진
황금빛 청동 미륵불 1989년 옛 용화보전에 세워진
높이 33m의 웅장한 불상에 모두들 감탄을 자아냈네

박정희 전 대통령 시절에 시멘트로 조성했으나
외관에 흠이 생겨 1990년 원탄스님과
사부대중이 힘을 합쳐 청동으로 미륵 대불을 조성하여
최근에 그 위에 황금을 입혀 법주사의
대표 이미지가 되었다 하네

법당에 들려 부처님께 예배 올리고
속리산자락에 펼쳐진 시낭송과 노래 장기 자랑
푸르름이 짙은 그늘 아래 함께한 김후란 선생님과
불편한 몸으로 휠체어에 앉아 시와 노래 감상하시는
고령이신 김남조 선생님 그 분의 열정 존경스러웠네
어느새 되돌려야할 시간이 되어 아쉬움을 뒤로 하고
차에 오른 문우들 뜻깊은 문학 기행이었네

2015년 5월 28일(목)

아빠와 해외여행(초등학교 졸업기념)

13세 소년 최영준
아빠와 초등학교 졸업기념
해외 추억 여행 만들기

문화가 다른 낯선 이국 땅
그러나 통역을 할 수 있는
자상한 아빠와 함께 했기에
궁금증은 해결되겠지

- 워싱턴: 백악관
- 보스턴: 하버드대학, MIT공대
- 캐나다 나이아가라 폭포
- 일본

일주일간 낯선 타향살이
모든 것이 새롭겠지
곳곳에 다른 문화를

뇌에 가득 저장하며
아빠와 정겨운 손잡고
또 한손엔 맛있는 먹거리 냠냠
많은 질문을 할 최영준
그 질문을 받아줘야 할 아빠

해거름에 숙소에 돌아와
샤워하고 설무 할미가 선물한
커플 T셔츠로 갈아입고
서로 바라보며 킥킥 웃음꽃 피우리라
유별스러운 할미라고 흉도 보겠지
부자간에 낯선 타국 땅에서
알콩달콩 서투른 생활의 모습을
흰 도화지에 가득 그려본
할미의 마음 뿌듯함에
어깨통증도 잊은 채
최성주, 최영준(행복한 부자)
먼 그곳 미국과 일본 곳곳에
알찬 추억거리 많이 만들어오렴
보람된 초등학교 졸업 기념이 되리라

짝꿍

"당신이 나를 배신하면
벌 받는다"는
최현희 시인의 엄포
깔깔댈 수밖에

흥,
절대 내가 먼저
배신하진 않을 터

서로가 신뢰하며
서로를 다독이며
서로가 의지하는 우리

황혼의 아름다운
짙은 노을의
영원한 짝꿍

2014년 9월 17일

새해 아침

기해년(황금 복돼지 해)
새해에 다짐하는 여인

모든 일에 너그럽고
성숙된 삶 살아가고파
내 안에 모든 슬픔과 울분
소멸할 수 있는 힘을 주소서

매사 내 탓으로 돌리기
밝은 인상에 선한 맘으로
상대를 미운 맘이 없도록
긍정의 마인드로 살아가게 하소서

짧게 남은 내 인생
더욱 어질고 착한 성품으로
만인을 사랑할 줄 아는
빛깔 고운 노을처럼
아름답게 살아가게 하소서

2019년 4월 9일(화)

둑길을 걸으며

상쾌한 맑은 봄 햇살에
둑길을 걸으며
가던 발길 멈춰 헉헉

한적한 틈을 타
굽은 목선 하늘을 향해
목청 높여 내뿜는 발성

저하된 체력 한계의
분노는 하늘을 뚫을 듯
솟구치는 이 함성에 놀라
물속에 송아리 떼들
풀숲으로 몸을 감춘다

소담한 노란 예쁜 꽃 한 송이 뚝 따
머리에 꽂고 재충전된
중랑천 둑길을 걸으며

내 안에 고독 외로움 슬픔
흐르는 맑은 물살에 실려
두둥실 멀리 사라져 버린

이제 짧게 남은 여정
부질없는 욕심 비우는 맘으로
순리에 따르리
꽃샘추위 길목에 서서

                2019년 4월 1일(월)

화목

우여곡절 많았던
힘든 세월 살아오며

그 어떤 고난 속에서도
내 안에 화목이란
단어 앞세우며

가정은 화목해야
뜻을 이룬다는 진리

그러기에 좌절 없이
우뚝우뚝 힘차게 달려온

게을리하지 않았기에
후회 없는
인생살이라 말하리

2019년 4월 20일

노을

풋풋하고 싱그러운 청춘
내 안에 꼭 붙잡아 두고
영원히 살고 싶었거늘

매정하게 달아나 버린
눈물겨운 내 청춘
굽어진 허리 목 디스크

펴보려 몸부림쳐 보지만
모를세라 짙어만 가는
야속한 서산의 노을

    2014년 10월

유화 그림 한 점

거실 벽에 걸려 있는
내가 좋아하는
유화 그림 속의 풍경

초록빛 초원에 저멀리
지평선을 바라보며
상념에 젖어드는 나

덧없이 흐르는 세월
잠깐의 삶인 것을
이제 짧게 남은 여정

푸른 새싹이 돋아나듯
예쁜 맘으로 아주 조용히
물 흐르듯 살고파

2016년 7월 23일(토)

시 2부

흐르는 세월 앞에서

은사님의 부음 소식

뜻밖에 안소봉 은사님의
부음 소식에 가슴 덜컥
눈물을 훔쳤습니다
그러나 늙은 제자는
은사님 먼 길 떠나시는
마지막 길에 배웅도 못해 드려
죄송스러움 가슴이 아픕니다
많은 후회가 되고 있습니다

그리고 남다른 자식 사랑
어이 그 끈을 놓쳐 버리셨나요?
은사님이 걸어오신 뒷길을
조심스럽게 회고해 봅니다
24세에 결혼 첫 출산
28세에 남편 사별하신 은사님

젊은 앳된 새댁은 4살 된

어린 아들을 손잡고
성실하게 살아오신 은사님
오늘날 유능한 내과의사로
효심이 남다른 아들며느리로
성장시키신 장한 어머니십니다
뒤늦게 뜨거운 박수를 보내는 제자

자주 만남을 가졌던 사제지간
설익은 저의 글을
항상 과분한 칭찬을
선생님의 진심어린 제자 사랑
어이 잊겠습니까
91세에 타계하신 안소봉 은사님
이제 우리 삼총사 그 이름
허공에 묻어야할 안타까움이여

맛있는 점심을 들고
커피숍에 들려 도란도란
따끈한 찻잔에 동동
시름을 풀어버리던 추억들
그 시절 그립습니다

뛰어난 은사님의 음악성 들리는 듯
함께 하모니 이뤘던 지난 세월
이제 모두가 추억으로 남겨진
은사님의 모든 발자취
보고파라 그리워라 안타까움이여

안소봉 은사님!
가보지 않던 낯선 초행길
조심조심 안녕히 가십시오
정착된 그 곳에서 노래 부르시며
평온한 맘으로 잘 지내십시오
언젠가는 하늘나라 그곳에서
만나게 될 우리 삼총사
외로움 고독 멀리하시고
편히 잠드소서!

제자 정기숙 올림
 *2019년 4월 1일 오전 타계하심

폭염

버티기 힘든
유래 없는
백십일 년 만에
돌아온 폭염에
지쳐진 우리의 육신

경제는 하향길
곳곳에 공실이 빈번히
쏟아져 나오는
오늘날의 현실

자영업자들의
깊어지는 한숨 소리
누가 책임지려나
누가 책임질 것인가

        2018년 7월 15일

김순임 여사님의 부음 소식

아니 이럴 수가!
만나 뵌 지 얼마 되지 않아
소천이 웬 말인고?

20일 전에 우리를 초대한 김순임 여사님
청계산 레스토랑으로 달려간 우리
권화순, 김구자, 허명숙, 준엽모, 정기숙, 최성주, 최성현
작년에 뵈올 때보다 더욱 똘똘해진
건강한 모습에 다행이다 싶었거늘
아니, 그날이 마지막 길이 될 줄이야

짙은 초록빛 물결에
빨간 장미꽃이 흐드러지게 만개한
춥도 덥도 않은 좋은 계절의 유월
예쁜 장미 꽃길 헤치시며
가보지 않던 낯선 초행길
조심조심 살펴 안녕히 가십시오

40년 전 주택 생활 당시를 회고해 봅니다
우리의 뜨거웠던 우정
내외분의 따뜻했던 그 손길
모락모락 피어오르네요
마치 친정어머니 역할을 해 주셨던
어찌 말로 다 표현할 수 있을까요
생각할수록 사무치게 그리운
김종구 선생님 내외분의 뜨거웠던 우정
어찌 잊을 수 있으리오
아~멈춰지지 않는 그리움의 눈물

이웃에서 살며
내외분의 올바른 생활 태도에
존경하며 많은 것을 배웠습니다
무엇보다 올곧은 정신과 절약 정신
우리에게 본보기가 되어 주셨던 내외분
우리 부부를 그토록 아껴 주시던
오랜 세월 일요일마다 맛있는
요리를 준비하셨던 여사님
승용차에 싣고 산으로 바다로
함께 목청 높여 노래를 부르며 달렸던

잊혀지지 않는 그 시절의 추억들

우리는 그 당시 율산 실업 사건과
박정희 대통령 서거로 인해
많은 실패에 허덕이고 있을 무렵
김종구 선생님 내외분 어진 배려에 힘입어
우리 부부 건강 잃지 않았다 해도
과언이 아닐 것입니다

실패한 우리에게 돈이 필요하면
얼마든 갖다 쓰라고 몇 번을 권하셨던
김순임 여사님의 깊은 배려에 감사하며
또한 많이 놀라웠습니다
어디 그뿐인가 추위가 닥칠 때면
정원에 많은 나무들을 얼지 않게
모두 짚으로 꼼꼼히 싸주시던
김종구 선생님의 정겹던 그 손길
된장 고추장 김장을 해마다 손수 신경써 주시던
김순임 여사님, 목이 메어옵니다

이러한 분을 마지막 길에

피치 못할 사정으로 배웅도 못해드린
죄책감에 용서를 비옵니다
그리고 오랜만에 내외분
천국에서 뜨거운 만남이 되셨겠죠?
그간 그리웠던 회포를 푸십시오
언젠가는 우리 내외와 함께
만나게 되려니 편히 영면하소서

    2019년 6월 11일(화) 89세로 타계하심

군에 입대한 최영준에게

영준이가 군에 입대한 지 어느새 9일이 지났네
그간 낯선 군 생활
적응하기 많이 힘들겠지 보고 싶구나
너 역시 아빠, 엄마, 석준이 많이 보고 싶겠지
가족 모두들 건강하게 잘 지내고 있으니
아무 걱정 말고 군 생활에 잘 적응하여라
아무쪼록 상관들 지시에 잘 따라주기 바라며
또한 동료들과 사랑하는 맘으로, 의리의 사나이로
좋은 인연이 되어주기 바란다

훈련 받기 힘들겠지만 군 생활에서 얻는 지혜
시간관념, 규칙적 생활, 정신 통일,
윗사람에 대한 존경심, 체력 단련
이 모두가 갖추어진 군 생활 그야말로
돈을 주고도 살 수 없는 좋은 기회라 생각 하자꾸나
젊어서 고생은 사서도 한다는 말이 있듯이
미래에 꿋꿋이 살아갈 수 있는 밑거름이 된다는 진리

이 세상에 힘 안들고 얻는 것은 아무것도 없다는 것
어떠한 극한 상황이 닥치더라도
나는 해낼 수 있다는 자신감을 갖게 되면
무엇이고 해낼 수 있다는 사실
할미는 서재에 침수 때 뜨거운 경험으로
그 이후 두려움 없이 자신감이 생기더라고
할미는 너를 믿는다. 너는 성실하니까

이 할미는 영준이가 군에 입대한 그날부터
게으름 없이 씩씩하게 살아가고 있단다
이제 우리 손자 건강한 멋진 체력으로 휴가 때나
만나게 되겠지 황새처럼 목을 내밀며 손꼽아
그 날을 기다리겠다
대한의 아들 최영준 충성!

2016년 1월 27일(수)

사랑하는 손자 석준에게

세월 참 빠르기도하네
우리 석준이가 어느새 그 좁은 문을 통과하여
벌써 대학생이 되었다고
그래, 고생 많았구나 너의 합격 소식에
할아버지 할머니 만세 3창을 외치는
지글재글 삼겹살 구워 소주잔 기울며
노래 한 곡을 뽑았지 욕심은 한이 없는 것
네게 주어진 일에 만족해야하며
힘차게 달려라

"천재는 노력하는 자를 이길 수 없고
노력하는 자는 즐기는 자를
이길 수 없다"는 말이 있듯이

어떠한 어려운 상황에서도
용기와 자신감을 갖고 도전하기 바란다
한번 지난 시간은 되돌릴 수 없기에

소중한 시간을 보내 후회 없는 대학 시절을 보내야 한다
늠름한 20대의 대학생은 많은 경험을 하는 시기이니 만큼
게을리 하지 말고 시간을 금으로 생각해야 하며
게으르면 많은 것을 잃는다는 사실 명심해야 되겠지

그리고 인생 선배로서 한마디 한다면
너를 낳아준 부모의 참된 의견을
거역함 없이 받아들여야 후회 없는 삶이 된다는 것 잊지 마라
너의 형이 군에 입대하게 되었으니
군 복무 잘 마치고 돌아올 때까지
부모님의 그 허전한 맘을 네가 채워 드려야 되겠지
매사 부모 의견에 잘 따라 주리라 할미는 믿는다

어린 시절부터 석준이는 현명한 아이였으니까
됨이란 단어 아직도 할미 가슴 속에 영원히
할미의 뜻을 잘 받아들인 장한 녀석들
손자 사랑하는 맘 너무 짙어 두서없이 나열되지나 않았는지
진심으로 대학 입학을 축하하는 길목에서

2015년 12월 25일(금)

산책길

2015년 10월 3일(토)
오전 11시에 도봉산 산책길에 오른 영감
어둠이 내리자 초조한 맘으로 119에 신고를 한 아내
오후 7시 45분에 수색 작업에 들어간다는
구급대원의 전화를 받았다

먼 거리에서 깊은 밤중에 달려온 아들 며느리 딸 사위
초조하게 기다려보지만 속수무책
쌀쌀한 날씨에 산속에서 행여 방정맞은 생각에
새벽 2시에 구급대원 소방대원 경찰관
30여 명과 함께 수색에 나선 자식들
밤을 꼬박 새워 수색을 해보지만 역시 오리무중

얇은 옷차림으로 87세 노인이 산 속에서
추위를 어찌 이겨낼 수 있으랴
앉지도 서지도 못한 채 두발 동동 울음바다
지성이면 감천이라 했던가

다음날 11시 30분(24시간)에
의정부 군부대 근처에서 발견된 노인

119 대원들, 소방대원, 경찰관 그들의 희생정신이 없었다면
캄캄한 밤 쌀쌀한 날씨 산속에서 밤을 꼬박 새워가며
수색을 한다는 사실
그분들이 있기에 우리가 안심하고 살아가고 있음을
그들의 노고를 뒤늦게 알게 된 점

숙연한 맘으로 그들에게 뜨거운 박수를
백병원으로 이송되어 응급실에 누워 있는 영감
이마에 상처 열여덟 바늘을 꿰매고 양 볼에 상처와
등, 다리에 상처투성이 차마 볼 수 없어 눈을 감아버렸지
워낙 건강한 체력이었기에 살아있음에 감사했다
안경, 핸드폰, 모자, 산 속에서 모두 분실되었으나
바지 주머니 속에 수십만 원이 들어있는
통통한 돈지갑은 그대로 있었다는 사실
검사 결과 다행히 뼈는 다치지 않았으나
근육이 모두 파열되어 조각이 혈관에 꽂힐 우려로
4일간 치료받고 퇴원했다 87세까지 출퇴근한 영감
이제는 손 들 수밖에 없는 그의 처지

나 역시 오랜 문단 생활 접어 두고 남편 간호에 최선을 다할 것을
마치 자식을 돌보듯 그래, 열녀가 따로 있나
바로 내가 열녀야 자부하며 정성을 다해 간호를 해왔다
아무래도 나이 탓일까 기억력 감퇴된 영감
어느새 한 달이 지났다 하루 속히 건강을 비는 아내!

2015년 11월 5일(목)

당신 앞에 우리가족

여보, 어버이날 3일 앞두고
우리 가족 당신 앞에 섰습니다

당신 떠난 후
나는 삼남매의 지극한 효심에
더욱, 박성근 최성희 부부의
어진 보살핌에 많이 건강해졌어요
이 모두가 당신의 도움이라 생각합니다

어제는 며느리와 롯데백화점 쇼핑
달콤한 쇼핑을 만끽하며
푸짐한 선물도 받고
그러나 며느리 속내를 더듬어지는
친정 부모님 생각에 얼마나 절절했을까

그러나
조금도 내색 없이 밝은 인상으로

시모를 부축해주며 평화롭게 다독다독
그 효심에 기쁨보다 마음 아팠어요
많이 안타까웠음을…
나 역시 내색 없이 받아들였지요

당신 떠난 후 1년 1개월 만에
그렇게도 원했던 밤잠
어제 처음 깊이 잠들었던 8시간
나는 이제 살아났다 싶어
자리에 누운 채로 만세 삼창을
그야말로 기적이 일어났다 할까요?

여보, 그곳에서
손 교수와 만남이 있겠지요?
생전에 그렇게도 사랑하며 만남을 좋아했던
다정했던 최빈영과 손홍렬!

어버이날 손 교수와
술잔을 나누며 회포를 푸십시오
이제 얼마 후 설무도 동참하게 되려니
물 좋고 경치 좋은 깔끔한

멋진 자리 잘 잡아 두시오
만나는 그날까지 깊이 잠드소서!

          2019년 5월 5일(토) 컴퓨터 앞에서

은사님을 모시고

은사님들께서 선물을 챙겨오셨네
세 명의 친구들에겐 고급 손지갑
정기숙은 글을 쓰는 제자라며
파카(PARKER)만년필과 산문집(박완서 산문집)
선물을 손에 들고 기뻐하는 늙은 제자들
흐뭇한 미소로 바라보시는
더 늙으신 은사님들

찰 밀가루로 손수 밀어 고르게 썬 칼국수와
손수 만드신 예쁜 송편을
정성 들여 싸오신 이완길 은사님

거실에선 안소봉 은사님의 음악이 흐르고
부엌에선 팔팔 끓는 멸치 육수에
푸른 애호박 채 썰어 보글보글
순난씨의 맛깔스러운 명품 김치 곁들여
후룩후룩 두 그릇을 비웠네

아~ 그 옛날 고향의
어머니의 손맛을 느껴보았네
모두들 세월만큼 녹슬어버린 육신
그러나 정신만은 아직 이팔청춘

수십 년이 지난 추억들이
모락모락 피어올라
서산에 해 기운 줄도 모르고…
서둘러 아쉬움 뒤로
현관문을 나서는 은사님과 친구들

      2012년 10월

아니 이럴 수가

구속이라고?
너무나 가혹한 형벌이 아닌가
서울 구치소에 입소가 웬 말
잿빛 하늘에서 내리는 피눈물

하늘도 울고 땅도 울고
산천초목 화사한 봄꽃도 울고
나도 따라 울었소

박 전 대통령님!
언젠가 진실은 밝혀지려니
너무 억울하다 상심 마시고
잘 이겨 내십시오

국정농단 사건으로
박근혜 전 대통령을
귀 먹게 하고 눈 멀게 한

한국 사회를 먹칠해 버린
간 큰 그 여자 최순실

고개 떨궈 흐느끼는
국민들의 저 피눈물을 보라
하늘이여 땅이여

              2017년 3월 31일(금)

서산에 지는 노을

그렇게도 지루했던 하얗게 지새운 밤
찬란하게 반작이던 별들이 사라지고
드디어 먼동이 트이나보다

예고 없이 끼어드는 불안감
오늘은 또 무엇으로 위안을 삼아
하루해가 지려나
남모르게 늙어가는 육신

겹겹이 덧칠해진 괴로움
소화불량, 목 디스크,
흐릿해진 눈망울, 호흡 곤란

그러나 아픔 속에서도
묵묵히 가야 할 생애가 아닌가
축 늘어진 두 날개
날 수 없는 현실 앞에

이제
젊음의 애틋한 추억만을 안고
서산에 기울어진 야속한 노을이여

        2017년 8월 19일(토)

문학 기행(충남 추사기념관)

추사 김정희 선생님의 기념관에 입장
선생은 천 개의 붓을 썼으며
벼루 열 개가 구멍이 나도록
피나는 그분의 열정 놀라웠네

그러나 윤상도 사건에 연루되어
제주도로 유배 중
이상적 제자는 중국어 역관으로
귀한 책을 스승에게 보내준 고마움에
세한도 그림을 그려준 추사

이상적은 명망 있는 문사(文士)들에게
세한도를 펼쳐보이자 그의 높은 품격과
사제 간의 깊은 정에 모두들 감탄을

파란만장한 추사 선생님의 생애
오랜 세월을 귀양살이의 삶

그는 과천에서 타계하셨음(71세)

*문학 기행 1박 2일. 문학의 집. 서울
 2015년 8월 24~25일

강화 문학 기행(계간문학 작가회)

故 조경희 수필 문학관에 숙연한 맘으로 입장
선생님 생전의 모습을 떠올리며
흰 피부에 윤기 흐르던 촉촉한 얼굴
어찌나 부럽고 질투가 나던지
살며시 선생님 곁에 다가섰던 귓속말 소근소근

"선생님, 얼굴 피부 관리 어떻게 하세요?"
"어, 나는 특별이 관리하지 않고
깨끗하게 세안하는 것 밖에 없다"며 환한 미소로
내 등을 토닥토닥 정겹던 그분의 손길
문학관에는 사전 기증하신 소장품 8,287점과
생전에 사용하시던 책상, 안경, 기타 등등

강화도는 역사와 자연이 숨쉬는 곳이라 했던가
조경희 선생님의 수필 문학에 끼친 업적을
영구히 기념하기 위해 건립되었다고
타계하신 지 어느새 십 년이 넘어버린 세월

그리움의 발걸음으로 돌아 나왔다

햇빛 쨍쨍한 봄 햇살 앳된 연둣빛의 나풀대는 초목들과
방실대는 꽃들의 해맑은 미소
곳곳에 유적지 탐방 최현희 시인과 정기숙 시인
비탈길과 계단 오르내림 의지의 팔짱을 끼고
하나, 둘 구호를 외치며 뚜벅뚜벅 계단 오르내리는
노시인의 행복한 문학 기행이어라

       2016년 4월 29일(계간문학 작가회 기행)

인생길 끝자락의 멋

인생사 끝자락의 삶
하루하루가 참 소중한 시간
노년의 삶이 슬프지만은 않다는 것

우선 부모 책임 끝났으니 신경쓸 일 없어 좋고
시간에 쫓기지 않아 여유로워 좋고
모든 생물이 아름답게 보여져 좋고
자연히 욕심을 비우게 되는 노년

고령이다 보니
자식들의 따뜻한 사랑받게 되어 좋고
피할 수 없는 육신의 통증은
좋은 친구 삼아 살아가고
허전함은 여백으로 채우고

기력은 부진하나
매사 비우는 맘가짐으로

오직 내 건강 다독다독 챙기며 살아가는
인생길 끝자락의 삶이
슬픔보다 평화롭다 하리

    2019년 9월 23일(일)

젊은이들에게 고하노니

누구나 늙어가는 길
세월의 무게만큼 늘어나는 주름살
자연의 이치인 것을 어쩌랴
인생사 모든 일
그 한때 지나면 그만인 것을

젊은이들이여 들어보라
꼬부라진 할미꽃 보고 웃지 마라
미래의 당신들이 그 모습이 되려니
비실비실 지팡이 짚은 노인 보고
눈살 찌푸리지 말라
머지않아 그대들도 그 모습이 되려니
누구나 거쳐야 할 과정이라는 것을

인생사 기쁨, 슬픔, 좌절,
모두가 한때라는 것을 알라
젊은이들이여

꼬부라진 선배들을 무시하지 말라
그대들도 언젠가는 그 모습이 되려니
늙어 육신은 볼품없이 변했으나

그래도 기죽지 않으려는
늙은이들의 심정을 헤아려 주길
미래의 당신들의 모습이라는 것을 알라
험난한 이 시대의 젊은이들에게 고하노니

                      2019년 9월 24일(화)

흐르는 세월 앞에서

84년의 세월 그동안 살아 온
내 삶을 회고해 본다

그래, 매사 부족함이 많은 나
오늘날까지 살아오며
힘든 터널 많이 거쳐 왔지만
그래도 인복을 타고 났던가
아니면 부처님 가피였던가

이제 와서 회고해 보니
그런대로 잘 살아온 삶이라 할까
그저 감사한 맘으로

요즘 내 생활을 바라본다
고령이 되고 보니 빈약해진 육신
좋아했던 벗들이
하나둘 사라지고

또한 병석에 누워 있는 그들
만날 수 없는 오늘날의 현실
자연의 이치인 것을 어쩌랴

이제 나 역시 비실거려
밖에 외출은 만만치 않으나
다행인 것은 자식들 괴롭히지 않고
내 손으로 생활할 수 있다는 것
아직은 내 주어진 일에
손 놓지 않고 있음을 감사하며

수십 년 세월 오늘날까지
매일 일기를 쓰고
오랜 세월 신문 스크랩을 하는
영감(靈感)이 떠오를 때면 글을 쓰며
교정을 하고
가곡 교실에 나가 음악 공부를 하며
가까운 거리에 문단 행사에 참석하는
때론 시낭송도 하는
때론 음악 발성도 곁들여진 나의 생활

그래요, 오늘날에 와서
행복한 것은 내 안에
이런 취미생활이 없었다면
노년의 내 삶이 몹시 외롭고
허망하고 절박하며 많이 슬펐으리
이제는 내게 주어진 일에
더도 덜도 말고
이대로 살아갈 수 있기를
부처님 관세음보살님께
감사의 기도를 드리며
묵묵히 흐르는 세월 앞에서

        2019년 4월 22일(월)

달빛 속의 어머니 얼굴

초판 1쇄 인쇄 | 2019년 11월 02일
초판 1쇄 발행 | 2019년 11월 07일

지은이 | 정기숙
발행인 | 김현영
발행처 | 툴박스 (toolbox publisher)
출판등록 | 제 2018-000097호
대표전화 | 010-7697-2453
문의전화 | 0507-1303-2453
FAX | 031-607-2453
이메일 | toolbox77@naver.com
툴박스 카페 | https://cafe.naver.com/toolbox77

값 12,000원
ISBN 979-11-961442-3-4

• 잘못된 책은 바꿔드립니다.
• 이 책의 전부 또는 일부 내용을 사용하시려면 사전에 저작권자와
 툴박스 출판사의 동의를 받아야 합니다.

「이 도서의 국립중앙도서관 출판예정도서목록(CIP)은 서지정보유통지원시스템 홈페이지(http://seoji.nl.go.kr)와 국가자료종합목록 구축시스템(http://kolis-net.nl.go.kr)에서 이용하실 수 있습니다. (CIP제어번호 : CIP2019042291)」